Isabelle Schmitt

Personalbereitstellung unter besonderer Berücksichtigung der demographischen Entwicklung

IGEL Verlag

Isabelle Schmitt

Personalbereitstellung unter besonderer Berücksichtigung der demographischen Entwicklung

1. Auflage 2008 | ISBN: 978-3-86815-022-3

© IGEL Verlag GmbH, 2008. Alle Rechte vorbehalten.

Die Deutsche Bibliothek verzeichnet diesen Titel in der Deutschen Nationalbibliografie. Bibliografische Daten sind unter http://dnb.ddb.de verfügbar.

Dieses Fachbuch wurde nach bestem Wissen und mit größtmöglicher Sorgfalt erstellt. Im Hinblick auf das Produkthaftungsgesetz weisen Autoren und Verlag darauf hin, dass inhaltliche Fehler und Änderungen nach Drucklegung dennoch nicht auszuschließen sind. Aus diesem Grund übernehmen Verlag und Autoren keine Haftung und Gewährleistung. Alle Angaben erfolgen ohne Gewähr.

IGEL Verlag

Inhaltsverzeichnis

Abbildungsverzeichnis	**III**
Tabellenverzeichnis	**IV**
Abkürzungsverzeichnis	**V**
1 Einleitung	**1**
1.1 Fragestellung	1
1.2 Aufbau der Arbeit	3
2 Darstellung des demographischen Wandels in Deutschland	**5**
2.1 Der demographische Wandel	5
2.1.1 Altersstruktur	5
2.1.2 Geburten vs. Mortalität	9
3.3.3 Migration	12
2.2 Mögliche Gründe für den Geburtenrückgang	15
2.2.1 Einkommen und Kinderkosten	15
2.2.2 Erwerbstätigkeit der Frauen	18
2.2.3 Bildung der erwerbstätigen Frauen	19
2.3 Wirkung des demographischen Wandels auf den Arbeitsmarkt	21
3 Personalbereitstellung	**25**
3.1 Personalbeschaffung	25
3.2 Personalbedarfsplanung	26
3.3 Methoden der Personalbeschaffung	29
3.3.1 Interne Beschaffungswege	30
3.3.2 Externe Beschaffungswege	31
3.3.2.1 Bundesagentur für Arbeit	32
3.3.2.2 Personalberatungen	33
3.3.2.3 Personalleasing	34
3.3.2.4 Stellenanzeigen in Printmedien	37
3.3.2.5 Das Internet	37
4 Änderung der innerbetrieblichen Personalbereitstellung als Reaktion auf den demographischen Wandel	**39**
4.1 Personalentwicklung	39
4.1.1 Berufsausbildung	40
4.1.2 Fortbildung der Mitarbeiter	43

4.1.3	Umschulung	48
4.2	Methoden der Personalentwicklung	49
4.2.1	Training-on-the-job	49
4.2.1.1	Trainee-Programme	50
4.2.1.2	Job-rotation	50
4.2.2	Training-off-the-job	51
4.2.3	Training-near-the-job	52
4.3	Arbeitszeitgestaltung	53
4.3.1	Starre Arbeitszeiten	54
4.3.2	Flexibilisierung und Individualisierung der Arbeitszeit	55
4.3.2.1	Wöchentliche Arbeitszeit	57
4.3.2.2	Gestaltungsmöglichkeiten der gleitenden Arbeitszeit	57
4.3.2.3	Ausweitung der Schichtarbeit	58
4.3.2.4	Teilzeitarbeit	60
4.3.2.5	Teleheimarbeit	62
4.4	Familie und Beruf: innerbetrieblich	63
5	**Notwendigkeit gesamtgesellschaftlicher Veränderungen**	**67**
5.1	Betriebsräte, Gewerkschaften, Arbeitgeberverbände	67
5.2	Familie und Beruf: gesamtgesellschaftlich	69
5.3	Ausweitung der Jahres- und Lebensarbeitszeit	73
5.3.1	Reduzierung der Frühverrentung	73
5.3.2	Späterer Erwerbsaustritt	76
5.4	Anwerbung geeigneter Fachkräfte aus dem Ausland	79
6	**Fazit**	**82**
Literaturverzeichnis		**85**
Anhang		**96**

Abbildungsverzeichnis

Abb.1	Bevölkerungspyramide am 31. Dezember 2001	7
Abb.2	Stilisierter Aufbau von Bevölkerungspyramiden	8
Abb.3	Entwicklung und Prognosen der Geburtenraten	9
Abb.4	Die Alterung der Gesellschaft	11
Abb.5	Entwicklung der Außenwanderung	13
Abb.6	Verfügbares Jahreseinkommen von Haushalten mit und ohne Kinder im Jahr 2000	18
Abb.7	Vergleich der Erwerbstätigkeit von Müttern	19
Abb.8	Durchschnittsalter des Erwerbspersonenpotentials	23
Abb.9	Altersstruktur des Erwerbspersonenpotentials	23
Abb.10:	Notwendigkeit der Planung von Personalbeschaffung und Personalfreisetzung	26
Abb.11	Vorgehensweisen der Personalbedarfsplanung	28
Abb.12	Beschaffungsarten	30
Abb.13	Arbeitnehmerüberlassung beim Personalleasing	35
Abb.14	Teilnahmequoten an beruflicher Weiterbildung nach beruflicher Stellung	47
Abb.15	Weiterbildungsbeteiligung nach Altersgruppen im europäischen Vergleich	48
Abb.16	Grundstruktur einer Gleitzeitregelung	57

Tabellenverzeichnis

Tabelle 1   Einkommen und Kinderzahl   16
Tabelle 2   Erwerbstätigenquote von Müttern je nach Anzahl der Kinder   19
Tabelle 3   Kinderlosigkeit nach Bildungsstand in Prozent   20

Abkürzungsverzeichnis

a.a.O.	am angegebenen Ort
AA	Agentur(en) für Arbeit
Abb.	Abbildung
Abs.	Absatz
AEVO	Ausbildereignungs-Verordnung
ArbZG	Arbeitszeitgesetz
ATG	Altersteilzeitgesetz
Aufl.	Auflage
AÜG	Arbeitnehmerüberlassungsgesetz
BA	Bundesagentur für Arbeit
BaföG	Bundesausbildungsförderungsgesetz
BBiG	Berufsbildungsgesetz
BDA	Bundesvereinigung der Deutschen Arbeitgeberverbände
BEEG	Bundeselterngeld- und Elternzeitgeldgesetz
BeschFG	Beschäftigungsfördergesetz
BeschV	Beschäftigungsverordnung
BetrVG	Betriebsverfassungsgesetz
BGB	Bürgerliches Gesetzbuch
BR	Betriebsrat (-räte)
BRD	Bundesrepublik Deutschland
bzgl.	bezüglich
bzw.	beziehungsweise
ca.	circa
d.h.	das heißt
DDR	Deutsche Demokratische Republik
DGB	Deutscher Gewerkschaftsbund
EDV	Elektronische Datenverarbeitung
etc.	et cetera
EU	Europäische Union
EURES	European Employment Services
f.	und folgende
FAZ	Frankfurter Allgemeine Zeitung

ff.	und fortfolgende
gem.	gemäß
HAG	Heimarbeitgesetz
hrsg.	herausgegeben
i.d.R.	in der Regel
i.e.S.	im engeren Sinne
i.V.m.	in Verbindung mit
i.w.S.	im weitesten Sinne
IfW	Institut für Wirtschaft
inkl.	inklusiv(e)
Kapovaz	Kapazitätsorientierte variable Arbeitszeit
lt.	laut
Mio.	Millionen
Mrd.	Milliarden
Nr.	Nummer
o.D.	ohne Datum
o.V.	ohne Verfasser
PSA	Personal-Service-Agenturen
rd.	rund
s.	siehe
S.	Seite(n)
SGB	Sozialgesetzbuch
SPD	Sozialdemokratische Partei Deutschlands
SZ	Süddeutsche Zeitung
TFR	Total Fertility Rate
TzBfG	Teilzeit- und Befristungsgesetz
u.a.	unter anderem
usw.	und so weiter
Vgl.	Vergleich
Vol.	Volume
vs.	versus
z.B.	zum Beispiel
z.Z.	zur Zeit

1 Einleitung

1.1 Fragestellung

Umweltbedingungen verbessern sich, die Medizin schreitet voran, Menschen leben länger und aktiver, wandern auch aus, gleichzeitig sinkt die Geburtenrate, die Bevölkerung schrumpft. Die demographische Entwicklung Deutschlands ab 1980/89 bis etwa 2050 und die damit verbundenen Probleme sind schon lange Thema in Wissenschaft und Forschung und manifestieren sich mit einiger Verzögerung - darin durchaus dem aktuellen Reizthema „Klimaveränderung" ähnlich – jetzt umso stärker im Bewusstsein der Öffentlichkeit. Jahre hindurch war Demographie eine Angelegenheit für Fachleute, allmählich gab es auch Kommissionsberichte mit der Aufforderung etwas zu tun, zuerst bei der Anpassung der umlagefinanzierten Sozialsysteme (Renten-, Kranken-, Pflegeversicherung mit Gesundheitsreform, Rente ab 67, usw.), aber weitgehend unbeantwortet blieb bisher die Frage wie Alterung und Schrumpfung auf die Bevölkerung einwirken; auf Wirtschaftswachstum, Arbeitsmarkt (hier mit dem Dilemma der fehlenden Arbeitskräfte, bei 5 – 7 Mio. Menschen ohne Arbeit), Wissenschaft und Bildung, auf Migrationsverhalten und nicht zuletzt auf die Staatsfinanzen. Aus diesem prallgefüllten Problemkorb ist für diese Arbeit nur ein Thema ausgewählt, für unsere Gesellschaft allerdings von vitaler Bedeutung: Das der künftigen Änderungen auf dem Arbeitsmarkt und hier, wiederum eingegrenzt, das der demographische Entwicklung in ihrem Einfluss auf die Personalpolitik eines Unternehmens.[1] Eine wei-

---

[1] Zur Illustration: Zwei willkürlich ausgewählte Zeitungsmeldungen: Giersberg, Georg: Der Arbeitskräftemangel bremst das Wachstum. Der Markt ist wie leergefegt. In: FAZ, Nr. 83, 10.04.2007, S. 17: 20.000 nicht besetzte Ingenieurstellen lassen 70.000 Folgestellen unbesetzt und eine Wertschöpfung von 3,7 Mrd. Euro entgehen. oder o.V.: Der Verwaltung droht Personalmangel. Der Staat kämpft mit der demographischen Entwicklung. In: FAZ, Nr. 94, 23.04.2007, S. 11: Seit 1989 ging der Personalbestand im öffentlichen Dienst von 5,3 Mio. auf 3,9 Mio. (2006) zurück. In ca. 15 Jahren werde der demographisch bedingte Fachkräftemangel den Staat mit voller Wucht treffen: mit Altersstrukturanalysen müssten die staatlichen Personalplaner endlich erste demographische Bestandsaufnahmen veranstalten, um den künftigen

tere Einschränkung erwies sich als ratsam: Die Nicht-Einbeziehung des öffentlichen Dienstes. Dessen Personalprobleme sind zum einen in großen Teilen die gleichen (Frauen, Familien, Weiterbildung, 40-Stunden-Woche, usw.), wie die der privaten Unternehmen. Zum anderen würde die Abhandlung der Sondermerkmale im Personalwesen des öffentlichen Dienstes (andere Hierarchie, Arbeitszeit, privilegiertes Verhältnis Staat – Beamte) den vorgegebenen Umfang dieser Arbeit über Gebühr ausdehnen.[2]

Eine Bemerkung zur Quellen- und Literaturlage: Demographie ist eine Wissenschaft mit lange erprobten Forschungsmethoden. Sie ist dementsprechend im Literaturverzeichnis mit seriösen Abhandlungen und Dissertationen vertreten. Darüber hinaus wird aber hier über Themen wie Rente mit 67, Arbeitszeit, Gleitzeit, Familie und Beruf, Kinderkrippen in der aktuellen politischen Tagesdiskussion gehandelt. Sie befinden sich oft in langwierigen Gesetzesverfahren und sind meist noch nicht mit realisierbaren Antworten zur Hand. Entsprechend oft werden Verben im Konjunktiv, Optativ oder unsicherem Futur verwendet, kein festes Terrain also, auf dem man Feststellungen und sichere Prognosen wagen könnte. Eine bescheidene captatio benevolentiae, also: Der Verfasserin möge es nachgesehen werden, wenn in manchen Teilen der Arbeit aus den Niederungen der (immerhin) gehobenen Tagespresse, Agenturmeldungen, Internetauftritten oder journalistischen Polemiken zitiert wird. Hier vor allem und weniger in Dissertationen spiegelt sich der gegenwärtige Stand der Diskussionen in Angelegenheiten wider, deren Behandlung in Frage und Antwort rapide fortschreitet.[3]

Jedes Unternehmen, gleich welcher Größe, hat mit Personalproblemen zu tun. Der Einfachheit halber sei Kriterium für „Unternehmen" im Sinn dieser Arbeit die Möglichkeit, einen Betriebsrat zu konstituieren.

Bedarf an Beamten und Angestellten zu ermitteln; bisher sei dies im öffentlichen Dienst noch kein Thema gewesen.
[2] Zur Problematik wenigstens allgemein. Amann, Melanie: Wenn keiner mehr verwalten will. In: FAZ, Nr. 77, 31.03.2007, S. C1
[3] Vgl. Schirrmacher, Frank: Das Methusalem-Komplott. München 2004

1.2 Aufbau der Arbeit

Er ergibt sich aus dem Thema: Kapitel 2 widmet sich den wichtigsten, allgemein bekannten Grundgegebenheiten des demographischen Wandels: Dem Älterwerden unserer Gesellschaft, Geburtenrückgang, dem mindestens bis 2050 steigenden Fachkräftemangel als Folge einer schrumpfenden Bevölkerung, der Bedeutung der Migration sowie der Beziehung zwischen Bildung der erwerbstätigen Frauen und Abwägen zwischen Berufseinkommen und Kosten der Kindererziehung, dies alles in seiner Wirkung auf den Arbeitsmarkt insgesamt.

Daneben steht Kapitel 3: Hier wird, kommentarlos und noch ohne Verbindung zu Kapitel 2, dargestellt, welcher Methoden sich üblicherweise ein Unternehmen bei der Personalbeschaffung bedient.

Teil 4 verbindet Kapitel 3 mit Kapitel 2: Was kann ein Unternehmen tun, um bei Wachstum mit steigendem Arbeits- und Personalbedarf mit gleichbleibendem oder geringerem Personalbestand zurechtzukommen? Wir fragen, welcher brachliegenden innerbetrieblichen „Human Resources" ein Unternehmen sich bedienen kann, wie eine durchschnittlich immer älter werdende Belegschaft zur weiteren und längeren Mitarbeit befähigt und motiviert werden kann, wie Frauen früher und besser ins Unternehmen (zurück-)integriert werden können, wie den Familien die freie Wahl zwischen oder Verbindung von Beruf, Karriere und Kindererziehung ermöglicht werden kann? Jedes Unternehmen muss all dies nach seinen eigenen Bedürfnissen und im Einklang mit den Interessen seiner Mitarbeiter[4] für sich selbst regeln. Weil aber die Bundesrepublik Deutschland ein wohl reglementierter Staat ist, muss oder kann jedes Unternehmen in seiner Personalpolitik auch entsprechend politischer, sozialer und wirtschaftlicher Vorgaben handeln.

Weil also betriebswirtschaftliche Faktoren nicht streng von volkswirtschaftlichen zu trennen sind, wurde ein 5. Kapitel notwendig: Die Gesetzgeber, Gewerkschaften, öffentliche Meinungen und andere gesamtgesellschaftlich wirkende Kräfte („Stakeholder") setzen

---

[4] Auf die weibliche Form bei Berufsbezeichnungen u.ä. verzichte ich in dieser Arbeit aus Gründen der Lesbarkeit.

Rahmenbedingungen, die jedes Unternehmen in seiner inneren Personalpolitik von außen beeinflussen, hemmen oder fördern.

Nach dem Fazit wird im Anhang ein besonders gut gelungenes Beispiel zur Integration älterer Menschen im Betrieb vorgestellt.

2 Darstellung des demographischen Wandels in Deutschland

2.1 Der demographische Wandel

Gegenwärtig hat Deutschland 82,4 Mio. Einwohner, im Jahr 2050 werden es nach Hochrechnungen aufgrund aktueller Tendenzen 69 bis 74 Mio. sein. Die Gründe für den Bevölkerungsrückgang sind:

- Die stetige Abnahme der Geburtenzahlen bei gleichzeitiger Zunahme der Sterbefälle,
- Eine kleine aber stetige Zunahme der Auswanderung aus Deutschland,
- Die starke relative Zunahme älterer Männer und von Frauen im nicht mehr gebärfähigem Alter; die durchschnittliche Lebenserwartung der 65-Jährigen wird bis zum Jahr 2050 um ca. 4,5 Jahre zunehmen; das Durchschnittsalter der Bevölkerung wird entsprechend wachsen und damit die absolute Zahl der Sterbefälle.[5]

2.1.1 Altersstruktur

Stärker als andere hoch entwickelte Industriestaaten steht Deutschland vor weit reichenden demographischen Herausforderungen: Die Geburtenrate sinkt, die Lebenserwartung steigt („natürliche Bevölkerungsbewegung").[6] Dies bedeutet, dass die Bevölkerung in den nächsten Jahren schrumpfen, aber gleichzeitig auch immer älter werden wird. Zusätzlich kommt es zu Wanderungsbewegungen zwischen den einzelnen Regionen in Deutschland und einer Netto-Zuwanderung aus dem Ausland („räumliche Bevölkerungsbewegung").[7] So wird sich z.B. die Zahl der über 80-Jährigen von drei auf zehn Mio. erhöhen, was bedeutet, dass es im Jahr 2050 fast genauso viele Menschen im Alter von über 80, wie Jugendliche unter

---

[5] Statistisches Bundesamt, o.V.: Im Jahr 2050 doppelt so viele 60-Jährige wie Neugeborene. http://destatis.de/presse/deutsch/pm2006/p4640022.html, Wiesbaden, Pressemitteilung vom 07.11.2006
[6] Echterhoff, Veit: Kompetenzentwicklung Älterer im Kontext von Region, Bedarf und Demographie. Berlin 2005, S. 17
[7] Ebenda, S. 17

20 Jahren geben und das Durchschnittsalter von heute 37 Jahren auf 45 Jahre ansteigen wird.[8] Die gesamte Bevölkerung wird, immer unter Berücksichtigung aktueller Daten und Tendenzen, bis 2050 von jetzt 83 auf 74 Mio. sinken, was einer Verringerung von etwa 9 % entspricht.[9]

Erste Auswirkungen dieser Entwicklung treffen heute schon die deutschen umlagefinanzierten Sozialsysteme, also die gesetzlichen Kranken-, Renten- und Pflegeversicherungen mit allen aktuellen Problemen der Gesundheitsreformen und Defizite in den Pflegekassen.[10] Das Verhältnis von Erwerbs- zu Nicht-Erwerbstätigen wird sich immer mehr verschlechtern.

---

[8] Vgl. Esche, Andreas; Petersen, Thieß; u.a.: Jugend und Arbeit im demographischen Wandel. In: Junge Generation und Arbeit – Chancen erkennen – Potenziale nutzen. Hrsg. von der Bertelsmann Stiftung, Gütersloh 2005 S. 41 *und* Fels, Gerhard: Deutschland vor der Zeitwende. In: Perspektive 2050 – Ökonomik des demographischen Wandels. hrsg. von Institut der deutschen Wirtschaft Köln, 2. aktualisierte Aufl., Köln 2005, S. 9
[9] Ebenda, S. 42 und Ebenda, S. 9
[10] Fels, Gerhard: Deutschland vor der Zeitwende. In: Perspektive 2050..., a.a.O., S. 9

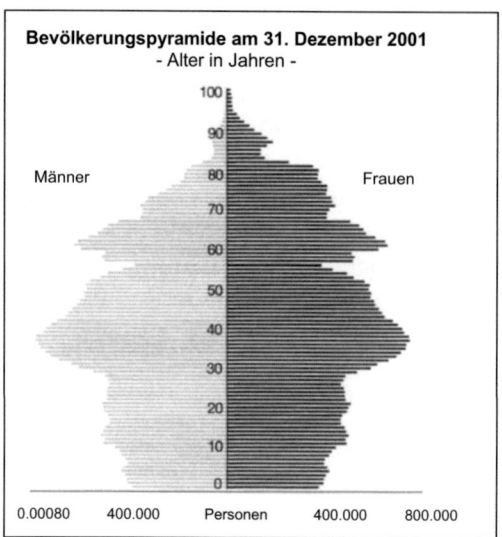

Abb.1 Bevölkerungspyramide am 31. Dezember 2001[11]

Abb. 1 veranschaulicht die zunehmende Alterung und Schrumpfung der Gesellschaft. Die Form der Darstellung ähnelt nicht mehr der einer „Pyramide" (breite Basis Neugeborener bei gleichmäßigem Schrumpfen nach oben mit höherem Lebensalter), sie gleicht vielmehr einem „Tannenbaum", der sich auch am Fußende immer weiter verjüngt. Die geburtenstarken Jahrgänge („Babyboomer") aus den 50er und 60er Jahren stehen jetzt mitten im Erwerbsleben, die aktuell ins Berufsleben eintretende Generation ist zahlenmäßig deutlich kleiner.

---

[11] Entnommen aus: Dickmann, Nicola: Der demographische Wandel in Deutschland. In: Perspektive 2050..., a.a.O., S. 14

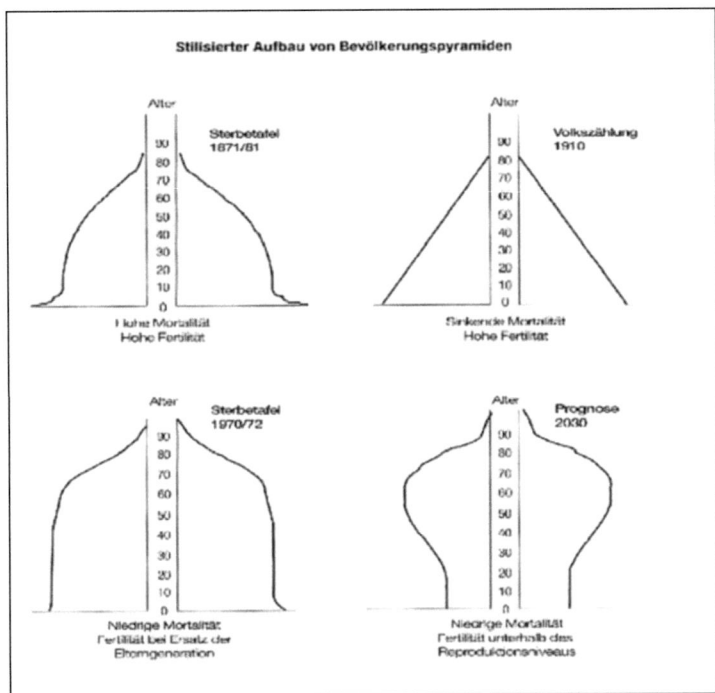

Abb.2 Stilisierter Aufbau von Bevölkerungspyramiden[12]

Vergleicht man deutsche Alterspyramiden aus Abb. 2 aus vergangenen Jahrzehnten, wird der Übergang vom Stadium hoher Geburtenraten und gleichzeitig hoher Sterblichkeit zu niedrigen Geburtenraten und gleichzeitig durchschnittlich älter werdenden Bevölkerung deutlich. Über viele Jahrhunderte glich der Altersaufbau der Bevölkerung dem der Sterbetafel 1871/81.[13] Die Sterbetafel 1871/81

---

[12] Entnommen aus: Dickmann, Nicola: Der demographische Wandel in Deutschland. In: Perspektive 2050..., a.a.O., S. 15
[13] Statistisches Bundesamt: Qualitätsbericht. Sterbetafel. http://www.destatis.de/download/qualitaetsberichte/qualitaetsbericht_be voelk_sterbetafel.pdf, Wiesbaden Juli 2006, S. 4: Die Sterbetafel ist das zentrale Konzept der Mortalitätsanalyse, die eine Sterblichkeitsziffer ist, bezogen auf die Gesamtbevölkerung. Die Sterbetafel ist eine Tabelle, die, für Männer und Frauen getrennt, zeigt, wie viele von 100.000 Neugeborenen aufgrund der Sterbewahrscheinlichkeit in den einzelnen Altersjahren sterben werden, wie hoch also die Lebenserwartung ist. Sie stellen eine Querschnittsbetrach-

zeigt, wie es wegen hoher Kindersterblichkeit zu einer schnellen Verkleinerung des durch hohe Geburtenraten gekennzeichneten breiten Sockels kommt. Am oberen Ende wirkte sich die geringe Lebenserwartung in Form einer schmalen, kurzen Spitze aus. Ab dem Jahr 1910 machte sich dann die sinkende Kindersterblichkeit bemerkbar, was zu der gleichmäßig aufgebauten Alterspyramide führte. 1970/71 ist zu erkennen, dass gerade noch genügend Kinder geboren wurden, um die Elterngeneration zu ersetzen. Doch die Kindersterblichkeit sank, entgegen vieler Annahmen z.B. der Vereinten Nationen, immer weiter und so kam es zu der sich ständig deutlicher abzeichnenden Tannenbaumform.[14]

2.1.2 Geburten vs. Mortalität[15]

Die Geburtenrate hat den größten langfristigen Einfluss auf die Entwicklung der Bevölkerungszahl, wie in der folgenden Abb. 3 erkennbar.

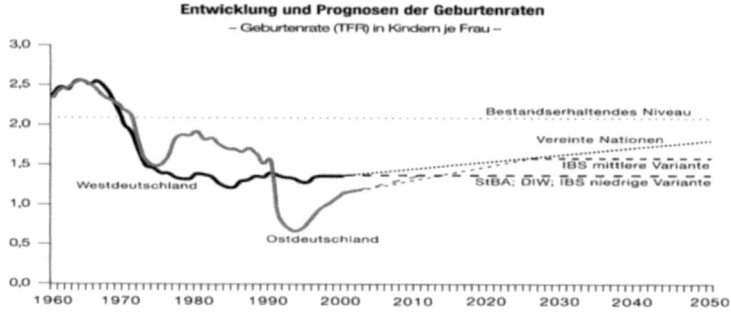

Abb.3 *Entwicklung und Prognosen der Geburtenraten*[16]

---

tung dar; es handelt sich also nicht um Angaben für Personen eines Geburtenjahrganges, sondern um den Querschnitt über alle Altersjahre in der jeweils aktuellen Bevölkerung. Die durchschnittliche Lebenserwartung gibt die Zahl der Lebensjahre an, die eine Person in einem bestimmten Alter nach den gegenwärtigen Sterblichkeitsverhältnissen noch zu erwarten hat, ohne Berücksichtigung möglicher Veränderungen: Ziel ist die Ermittlung der durchschnittlichen Lebenserwartung.

[14] Dickmann, Nicola: Der demographische Wandel in Deutschland. In: Perspektive 2050..., a.a.O., S. 14
[15] Ebenda S. 15 ff.

Diese Abb. verdeutlicht die voraussichtliche Entwicklung der Geburtenrate von 1960 bis 2050. Bei der Geburtenrate[17] (Total Fertility Rate – TFR) handelt es sich um eine altersstrukturbereinigte, zusammengefasste Gesamtgeburtenrate (TFR), eine auf ein Jahr bezogene Querschnittsbildung aus dem Geburtsverhalten aller Frauenjahrgänge im Alter zwischen 15 und 45 Jahren.

Um die Elterngeneration ersetzen zu können, müssen von 100 Frauen 210 Kinder geboren werden. Kein Forscher geht davon aus, dass diese Geburtenrate in Deutschland bis 2050 wieder erreicht wird. Nach Berechnungen des Statistischen Bundesamtes liegt die Geburtenrate (TFR) bei durchschnittlich 1,4 Kindern pro Frau, also weit unter der Orientierungsmarke von 2,1. In Deutschland hat sich, wie auch in vielen anderen westdeutschen Industriestaaten, dabei nicht der Trend zur Ein-Kind-Familie durchgesetzt; deutsche Paare haben i.d.R. 2 Kinder. Andererseits haben 28 % der westdeutschen Frauen der Jahrgänge 1962 bis 1966 überhaupt keine Kinder bekommen; der Anteil der kinderlosen Akademikerinnen ist mit 42 % sogar noch höher. Somit hat sich die grundsätzliche Entscheidung für oder gegen eine Familie mit Kindern in den letzten Jahrzehnten zur kinderlosen Ehe hin verschoben.[18]

Nicht nur die Geburtenrate, auch, wie erwähnt, die Mortalität (Sterberate) beeinflusst Menge und altersmäßige Zusammensetzung der Bevölkerungszahl. Seit Beginn des 20. Jahrhunderts sank zwar die Geburtenrate, aber ebenso die Kindersterblichkeit dank der verbesserten medizinischen Versorgung. Die Lebenserwartung der in Deutschland geborenen Kinder ist im Laufe des letzten Jahrhunderts um 30 Jahre gestiegen. Auch in Zukunft ist mit einer höheren Lebenserwartung zu rechnen: Für heute geborene Jungen auf 81,1 Jahre und für gleichaltrige Mädchen auf 86,6 Jahre. Dies bedeu-

---

[16] Entnommen aus: Dickmann, Nicola: Der demographische Wandel in Deutschland. In: Perspektive 2050..., a.a.O., S. 16

[17] Dinkel, Reiner Hans: Demographie. Band 1: Bevölkerungsdynamik. München 1989, S. 7: In der Demographie steht der Ausdruck Fertilität für die tatsächliche Realisierung von Nachkommen. Die Fertilität ist viel später als die Mortalität zum Gegenstand der Analyse geworden.

[18] Diese Tatsache wird nicht unwichtig sein für die später zu behandelnden „Human Resources" für den Arbeitsmarkt.

tet, verglichen mit der aktuellen Lebenserwartung, eine Steigerung um je rd. sechs Prozent.[19]

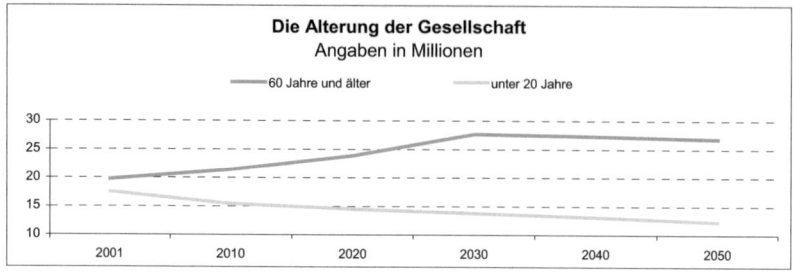

Abb.4 *Die Alterung der Gesellschaft*[20]

Bis 2050 wird es immer weniger Menschen geben, die jünger als 60 Jahre sind. In Abb. 4 wird dies verdeutlicht im Vergleich der absoluten Zahlen der unter 20-Jährigen und der über 60-Jährigen in ihrer Entwicklung von 2001 bis 2050. Man erkennt, wie sich die Alterstruktur bis 2050 in Deutschland wahrscheinlich entwickeln wird.[21]

Ein für den Demographen eher marginales Problem wird für unser Thema später größere Bedeutung gewinnen, das der geographischen Differenzierung der Altersstruktur (Nord-Süd- /Ost-West-Gefälle). Periphere Gebiete leiden unter Abwanderung junger und motivierter Arbeitskräfte, die restliche bleibende Bevölkerung altert überdurchschnittlich. Das Verhältnis zwischen Unternehmen auf der Suche nach Arbeitskräften und mehr oder weniger mobilen Erwerbsfähigen gilt es in vernünftige Relation zu setzen.[22]

---

[19] Esche, Andreas; Petersen, Thieß; u.a.: Jugend und Arbeit..., a.a.O., S. 42
[20] Entnommen aus: Esche, Andreas; Petersen, Thieß; u.a.: Jugend und Arbeit..., a.a.O., S. 43
[21] Die Jahreszahl 2050 ist ein wichtiger Bezugspunkt, weil Veränderungen im Gebärverhalten der jetzt geborenen Frauen erst ab etwa diesem Jahr wirksam werden.
[22] Esche, Andreas; Petersen, Thieß; u.a.: Jugend und Arbeit..., a.a.O., S. 42

3.3.3 Migration[23]

Obwohl in Deutschland seit den 70er Jahren immer weniger Kinder geboren wurden als Menschen starben, hat die Einwohnerzahl weiter zugenommen. Deutschland ist nach 1945 das größte Einwanderungsland Europas geworden.[24] Von 1965 bis 1990 nahm die Bundesrepublik 3,3 Einwanderer pro 1.000 Einwohner auf, seit Anfang der 60er Jahre hat sich die Zahl der ausländischen Staatsangehörigen von ca. 700.000 auf 7,3 Mio. erhöht. Hauptherkunftsländer sind die Türkei (2.053.564 Personen) und die Staaten der Europäischen Union (1.858.672 Personen).[25] Wie die folgende Abb. 5 zeigt, hatte die Migration einen erheblichen Einfluss auf die Entwicklung der Bevölkerungszahl.[26]

---

[23] Vgl. zum Thema Migration und Arbeitswelt: Als Einführung: Heilemann, Ullrich; von Loeffelholz, Hans Dietrich: Ökonomische und fiskalische Implikationen der Zuwanderung nach Deutschland. RWI-Papiere, Nr. 52, Essen 1998 *und* Stoll, Regina: Ausländische Arbeitnehmer und Arbeitnehmerinnen. Literaturdokumentation zur Arbeitsmarkt- und Berufsforschung. BA Nürnberg 1999. Erschöpfend zu ihrer Zeit haben das Thema zwei Dissertationen behandelt: Poschner, Hans: Die Effekte der Migration auf die soziale Sicherung. Universität Regensburg 1996 *und* Bauer, Thomas: Arbeitsmarkteffekte der Migration und Einwanderungspolitik. Eine Analyse für die Bundesrepublik Deutschland. Diss., Universität München, gedruckt in Heidelberg 1998

[24] Dinkel, Reiner Hans: Demographie. a.a.O., S. 305

[25] Deutscher Gewerkschaftsbund: Grundsätze des Deutschen Gewerkschaftsbundes für die Regelung der Einwanderung (Beschluss der Arbeitsgruppe Zuwanderung des DGB-Bundesvorstandes vom 13.03.2001).
http://www.dgb.de/themen/migration/dokumente/zuw grunds.pdf

[26] Dickmann, Nicola: Der demographische Wandel in Deutschland. In: Perspektive 2050..., a.a.O., S. 20

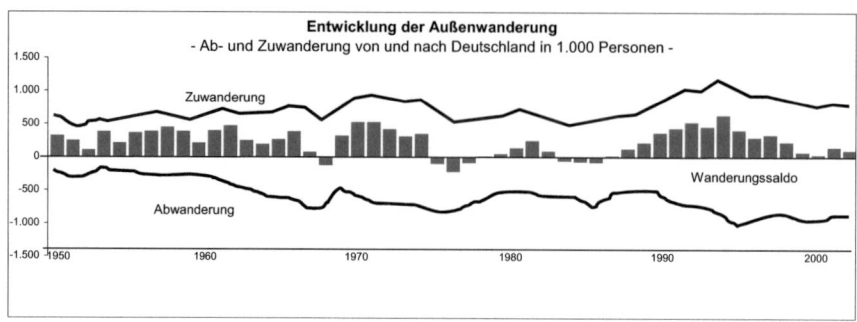

Abb.5: Entwicklung der Außenwanderung[27]

Hier einige Gründe für die auffälligsten Migrationswellen:[28]

- 1945 – 1961: Zuzug von Flüchtlingen und Vertriebenen als Kriegsfolge,
- Von 1953/54 – 66: Erste große Zuwanderungswelle der „Gastarbeiter", besonders aus der Türkei, Jugoslawien, Griechenland und Italien in der Zeit des Wirtschaftswunders, aufgrund fehlender deutscher Arbeitskräfte,
- 1967/68: Abwanderung von „Gastarbeitern" in Jahren wirtschaftlicher Rezession,
- Ölkrise zu Beginn der 70er Jahre: Rückgang der Zuwanderungen, verstärkt u.a. durch administrative Maßnahmen der Bundesrepublik Deutschland,
- 1973: Anwerbestopp,
- Ab 1976/78: wieder stärkere Zuwanderung durch nachziehende Familienangehörige,
- 1981: Gegensteuerung der Bundesregierung durch finanzielle und administrative Anreize zur Re-Emigration,

---

[27] Entnommen aus: Dickmann, Nicola: Der demographische Wandel in Deutschland. In: Perspektive 2050..., a.a.O., S. 21
[28] Ebenda, S. 20

- Ab 1986: mit Beginn von Glasnost und Perestroika Zuzüge von deutschstämmigen Aussiedlern aus den „Ostblockstaaten",
- 1992: Höhepunkt der Einwanderungswellen: Nach dem Fall des Eisernen Vorhangs, den Veränderungen in den Staaten der einstigen Sowjetunion, Bürgerkriegen und Bevölkerungsverschiebungen im ehemaligen Jugoslawien wanderten (netto) 782.000 Menschen nach Deutschland ein.

Seither sind die Zahlen rückläufig.[29] Demographen selbst und politische Entscheidungsträger sind sich nicht wirklich einig über die weitere Entwicklung der Migration: Kann, muss sie und mit welchen Methoden gesteuert werden, inwieweit ist sie politisch, wirtschaftlich, sozial und kulturell wünschbar oder realisierbar? Das Statistische Bundesamt z.B. nimmt eine jährliche Nettozuwanderung von 300.000 Personen an, die Vereinten Nationen (UN) schätzen, dass in den kommenden 50 Jahren im Durchschnitt jährlich 211.000 Menschen netto in die Bundesrepublik einwandern.[30]

Nach einer Studie der UN ist (Im-)Migration allein kein Weg, um fortschreitende Schrumpfung und Alterung einer Gesellschaft dauerhaft aufzuhalten. Um den Bevölkerungsrückgang zu kompensieren, müssten dauerhaft jährlich 344.000 Menschen (netto) einwandern; „(...) um das Verhältnis zwischen der Erwerbsbevölkerung und den über 65-Jährigen bis zum Jahr 2050 konstant zu halten, müssten theoretisch pro Jahr 3,62 Mio. Einwanderer nach Deutschland kommen".[31] Nur auf sehr kurze Sicht wäre dies volkswirtschaftlich vertretbar, sozial-kulturell und politisch hingegen schwerlich. Die „Deutschen" würden rasch zu einer Minderheit im eigenen Land. Migranten bleiben zunehmend dauerhaft in Deutschland und würden mit einiger zeitlicher Verzögerung viele Probleme, die sie eigentlich lösen sollten, nur verschärfen: Mit fortschreitendem Alter nehmen sie die Sozialsysteme stärker in Anspruch, ihr Regenerations- und Konsumverhalten würde sich dem der Einheimischen an-

---

[29] Dickmann, Nicola: Der demographische Wandel in Deutschland. In: Perspektive 2050..., a.a.O., S. 20
[30] Ebenda, S. 20
[31] Dickmann, Nicola: Der demographische Wandel in Deutschland. In: Perspektive 2050..., a.a.O., S. 22

passen (weniger Kinder, usw.) und ohne dringend nötige gezielte Einwanderungspolitik würde die Integration auch künftig so wenig wie bisher gelingen.

Andererseits: Auch Deutsche sind Immigranten im Ausland. Sie waren es schon lange und häufig, aus wirtschaftlicher Not oder auf der Flucht vor Diktatur (Drittes Reich). Heute sind es vor allem gut ausgebildete Fachkräfte, die Deutschland verlassen – denn nur sie werden in den meisten Ländern akzeptiert – etwa 100.000 Personen jährlich: In die Schweiz (Dienstleister, Wissenschaftler), nach Kanada, Australien (Facharbeiter), England, Skandinavien (Mediziner), Vereinigten Staaten (Personen aus Lehre und Forschung, Ingenieure).[32] Mehr als die Hälfte ist jünger als 35 Jahre, es sind die Optimisten, Risikofreudigen und Innovativen: Sie „fliehen" nicht nur wegen Problemen des Arbeitsmarkts, sondern sind oft frustriert von starren Sozialsystemen, Perspektivlosigkeit, negativen Aspekten des demographischen Wandels. In vielen anderen Ländern finden sie meist bessere Standortbedingungen, weniger Steuer- und Sozialabgaben, bessere Infrastruktur für die Vereinbarkeit von Familie und Beruf.[33] Man sollte alles tun, diese Eliten zum Bleiben zu motivieren.[34]

2.2 Mögliche Gründe für den Geburtenrückgang

2.2.1 Einkommen und Kinderkosten[35]

„'Ein Kind kostet ein Einfamilienhaus, bis es selbständig ist'", (so lautet eine alte „Bauernregel"), obwohl der Staat die Familien über

---

[32] Vgl. Bräutigam, Gregor: Arbeitsmarktökonomie. Marktlogik – Marktpolitik – Marktkonsequenzen. Aachen 2004, S. 179 *und* Ginsburg, Hansjakob: Motivierte Köpfe. In: Wirtschaftswoche, Ausgabe 11.12.2006, S. 40 ff. *und* Zander, Henning: Deutsche Mediziner sind gefragt. In: Die Welt, 14.04.2007, S. B 2
[33] o.V.: FAZ.NET mit Material von FAZ und Agenturen: Auswanderung. 145.000 Deutsche suchen ihr Glück im Ausland.
http://www.faz.net/s/Rub2ED1D653476A4471A80381152324EAC2/Doc~EBC670F1BC7AC42AEB80161F379E51C75~ATpl~Ecommon~Scontent.html
[34] Bräutigam, Gregor: Arbeitsmarktökonomie..., a.a.O., S. 179
[35] Dickmann, Nicola; Seyda, Susanne: Gründe für den Geburtenrückgang. In: Perspektive 2050..., a.a.O., S. 42 ff.

Sozialversicherungen, Familienvergünstigungen, Bereitstellung kostenloser Bildungsstrukturen und sonstiger finanzieller Transfers unterstützt. Laut einer Studie des Instituts für Wirtschaft (IfW)[36], brachte der Staat im Jahr 2000 für die verschiedenen familienpolitischen Maßnahmen 164,2 Mrd. € auf; berücksichtigt man die Ausgaben für BAföG und Hochschulausbildung, ergibt sich ein Betrag von 176,4 Mrd. €. Für Bildungseinrichtungen gab der Staat etwa 62,3 Mrd. € aus. Nach dieser Studie belaufen sich die direkten Kosten für Kinder, die im Haushalt der Eltern leben, auf 96,5 Mrd. €, die Kinderbetreuung durch die Eltern verursacht einen Einkommensausfall von schätzungsweise 202,8 Mrd. €. Das IfW kommt damit zu dem Schluss, dass ca. 45 % der gesamten Kinderkosten durch die Allgemeinheit getragen werden. Ein einzelnes Kind kostet die Eltern rd. 800 € pro Monat, ein Betrag, der durch staatliche Transferleistungen (Kindergeld, etc.) auf ca. 600 € reduziert wird. Bis zur Volljährigkeit wenden Eltern für die Erziehung eines Kindes etwa 130.000 € auf, mit der erweiterten Ausbildung bis zum 25. Lebensjahr sind es rd. 180.000 €. Würde man nun diesen Betrag sparen und verzinsen, so bewahrheitete sich die anfangs zitierte „Bauernregel".

Anders als man vermuten könnte, ist die Kinderzahl umgekehrt proportional zum Haushaltseinkommen, s. Tabelle 1:

Monatliches Haushaltsnettoeinkommen in Euro	Kinder je 100 Ehen
bis 1.530	178
1.531 - 2.550	177
2.551 - 3.830	169
über 3.831	161

Tabelle 1 Einkommen und Kinderzahl[37]

Allerdings scheinen nicht allein die direkten Kosten ausschlaggebend zu sein bei der Entscheidung für oder gegen Kinder, sondern der hohe Zeitaufwand, den die Kindererziehung erfordert und der so auch zur doppelten Schmälerung des Einkommens beiträgt. Doppelt, da das Kind selbst Wirtschaftwerte konsumiert, Kosten

---

[36] Vgl. Dickmann, Nicola; Seyda, Susanne: Gründe für den Geburtenrückgang. In: Perspektive 2050..., a.a.O., S. 42 ff.
[37] Entnommen aus: Ebenda, S. 43

verursacht und dazu noch einen Elternteil von der Erwerbstätigkeit abhält. Ein weiterer Grund dafür, dass in Deutschland das Einverdienermodell überwiegt, ist die traditionell bestehende Form des Ehegattensplittings im Steuerrecht, das man z.b. durch ein die Kinder einbeziehendes Familiensplitting erweitern könnte.

Ein weiterer Grund liegt in der unterschiedlichen Vergütung und Besteuerung der Haushaltsarbeit mit Kindererziehung und der Erwerbstätigkeit außerhalb der Familie (Opportunitätskosten)[38]. Die Haushaltsarbeit wird nicht bezahlt und also auch nicht versteuert. Würde man Haushalts- und Erziehungsarbeiten an Dritte vergeben, müsste aus dem Nettoeinkommen des Ehepaares ein Bruttolohn gezahlt werden. So würde, aufgrund der hohen Lohnnebenkosten, das zweite Einkommen fast vollständig für die Vergabe der Arbeiten im Haushalt verbraucht.[39] Der prinzipielle finanzielle Vorteil von zwei Einkommen pro Familie würde hinfällig werden und die Bevorzugung des Einverdienermodells ratsam erscheinen lassen.

Dazu begünstigt die tradierte gesellschaftliche und auch von einigen Pädagogen wissenschaftlich fundierte Vorstellung über die bessere Qualität der Kinderbetreuung im Elternhaus in den ersten Lebensjahren des Kindes, die Übernahme der Haus- und Erziehungsarbeit durch einen der beiden Ehepartner.

Die folgende Abb. 6 zeigt das verfügbare Jahreseinkommen von Haushalten mit und ohne Kinder:

---

[38] „Als Opportunitätskosten bezeichnet man die Kosten der alternativen Verwendung eines knappen Faktors. Opportunitätskosten werden auch Alternativkosten genannt. Sie sind der entgangene Grenznutzen der Handlungsmöglichkeit bei einem Entscheidungsproblem, auf den zugunsten der durchgeführten Alternative verzichtet wird."
http://www.wirtschaftslexikon24.net/d/opportunitaetskosten/opportunitaetskosten.htm

[39] An die naheliegende Schwarzarbeit soll nicht einmal gedacht werden!!

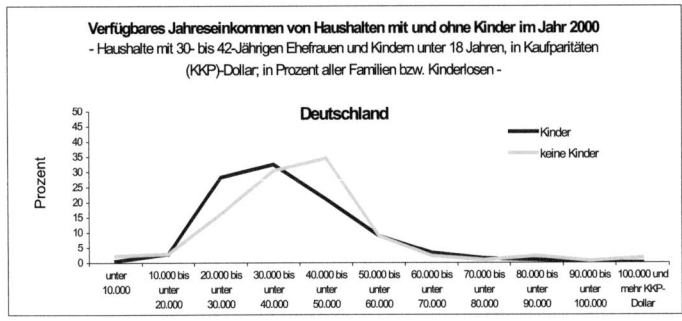

Abb. 6 *Verfügbares Jahreseinkommen von Haushalten mit und ohne Kinder im Jahr 2000*[40]

2.2.2 Erwerbstätigkeit der Frauen[41]

Die Erwerbstätigkeit der Frauen ist in den letzen Jahrzehnten in allen Industrieländern angestiegen. Nicht nur finanzielle Anreize spielten dabei eine Rolle, sondern auch intrinsische Motivationsfaktoren, wie z.b. der Wunsch nach ökonomischer Unabhängigkeit und Selbständigkeit. Der Prozess der verstärkten Eingliederung der Frauen in den Arbeitsmarkt wurde durch den hohen Bedarf an qualifizierten Fachkräften unterstützt, mit negativem Einfluss auf die Geburtenrate: Erwerbstätige Frauen mit Karriereplänen bekommen weniger Kinder und wenn, dann eher gegen Ende der Gebärfähigkeit.

Wegen der großen Unterschiede bei Familienpolitik und Arbeitsmarkt in BRD und DDR und dementsprechend bei Frauenerwerbstätigkeit und Geburtenrate, beschränke ich mich auf die Darstellung der Verhältnisse in Westdeutschland.

Die Erwerbstätigkeit der Frauen in Westdeutschland stieg seit 1974 um 11,8 Prozent auf 59 % im Jahr 2001 an. Dieser Anstieg ist hauptsächlich auf die steigende Erwerbsbeteiligung von Müttern zurückzuführen; mit steigendem Alter der Kinder nimmt die Erwerbstätigkeit der Mütter insgesamt zu, zunächst in Teilzeit, dann in Vollzeitbeschäftigung (s. Tabelle 2).

---

[10] Entnommen aus: Dickmann, Nicola, Seyda, Susanne. Gründe für den Geburtenrückgang. In: Perspektive 2050..., a.a.O., S. 44
[41] Ebenda, S. 47

Erwerbstätigenquote von Müttern je nach Anzahl der Kinder '- Kinder unter 18 Jahren, früheres Bundesgebiet, in Prozent -				
Zahl der Kinder	1971	1974	1988	1998
1 Kind	42,8	46,3	50,2	62,9
2 Kinder	33,8	37,8	41,0	57,4
3 Kinder	31,3	35,7	35,9	47,4
4 Kinder und mehr	30,6	33,7	31,9	20,8

Tabelle 2 Erwerbstätigenquote von Müttern je nach Anzahl der Kinder[42]

2.2.3 Bildung der erwerbstätigen Frauen[43]

Da mit steigendem Bildungsniveau auch parallel die Opportunitätskosten steigen, ist mit einem Rückgang der Geburtenzahlen bis hin zur Kinderlosigkeit, insbesondere bei hoch qualifizierten Frauen, zu rechnen. Verzichten diese, mit besonders guten Verdienstmöglichkeiten, auf eine Erwerbstätigkeit, tragen sie hohe Opportunitätskosten. Anreiz und Tendenz arbeiten zu gehen sind demnach bei den gut Verdienenden höher als bei geringer qualifizierten Frauen, deren Opportunitätskosten geringer sind. Im internationalen Vergleich ist die Vollzeitbeschäftigung von Müttern mit jeweils gleich hoher Qualifikation in Deutschland relativ gering (s. Abb. 7).

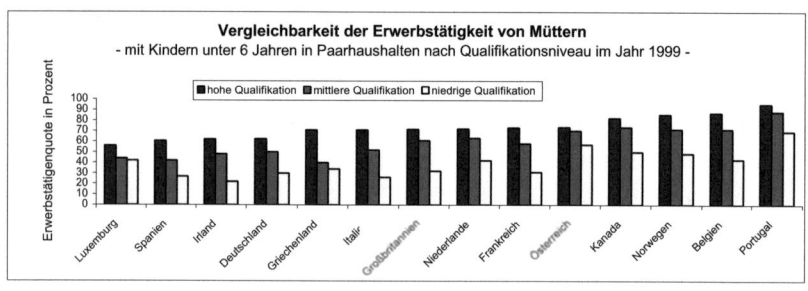

Abb. 7 Vergleich der Erwerbstätigkeit von Müttern[44]

---

[42] Entnommen aus: Dickmann, Nicola; Seyda, Susanne: Gründe für den Geburtenrückgang. In: Perspektive 2050..., a.a.O., S. 51

[43] Entnommen aus: Dickmann, Nicola; Seyda, Susanne: Gründe für den Geburtenrückgang. In: Perspektive 2050..., a.a.O., S. 55 ff.

[44] Entnommen aus: Dickmann, Nicola; Seyda, Susanne: Gründe für den Geburtenrückgang. In: Perspektive 2050..., a.a.O., S. 56

Ein negativer Zusammenhang zwischen dem am Berufsabschluss gemessenen Bildungsniveau und dem Vorhandensein von Kindern lässt sich empirisch nachweisen. So lebten in Westdeutschland beispielsweise im Jahr 2001 insgesamt 27,8 % der Frauen im Alter zwischen 35 und 39 Jahren ohne Kinder, unter den Akademikerinnen sogar über 44 %. Die Zahlen mögen differieren, aber der Trend ist in fast allen europäischen Industrieländern gleich (s. Tabelle 3).

Land	Alter der Frau (in Jahren)	Jahr	Geburtskohorte der Frau	Alle Frauen	Niedrig qualifizierte Frauen	Hoch qualifizierte Frauen
Westdeutschland	35 – 40	2001	1962 – 1966	28	24	42
Ostdeutschland	35 – 40	2001	1962 – 1966	16	21	17
Norwegen	40 – 44	-	1956 – 1957	11,8	-	14,1
England/Wales	-	-	1954 – 1958	-	15,2	22,5
USA	35 – 40	2000	-	19,6	12	26,7 – 32,4

Tabelle 3   Kinderlosigkeit nach Bildungsstand in Prozent[45]

Lesebeispiel: 2001 hatten in Westdeutschland 42 % der Frauen im Alter zwischen 35 und 40 Jahren, das entspricht den Geburtskohorten 1962 – 1966, mit Hochschulabschluss keine Kinder. In England/Wales waren 22,5 % der Akademikerinnen der gesamten Geburtsjahrgänge 1954 – 1958 kinderlos.

Es gibt noch andere Zusammenhänge zwischen Geburtenrate und Bildungsniveau: So kann ein steigendes Bildungsniveau wegen der Verlängerung der Ausbildungszeit zu einer Verschiebung der Geburten auf einen späteren Zeitpunkt führen, und selbst wenn die

---

[45] Entnommen aus: Dickmann, Nicola; Seyda, Susanne: Gründe für den Geburtenrückgang. In: Perspektive 2050..., a.a.O., S. 57

Zahl der Geburten pro Frau die gleiche bleibt, trägt dieses Hinausschieben zu den Problemen des demographischen Wandels bei und verstärkt die Alterung der Bevölkerung: Allein das Hinausschieben der Geburten in den letzen 20 Jahren führte in Deutschland zu einem Sinken der TFR um 0,3 Kinder pro Frau (d.h. von 1,8 auf 1,5 Kinder pro Frau).[46]

2.3 Wirkung des demographischen Wandels auf den Arbeitsmarkt

Die künftige Entwicklung der Arbeitsmarktstruktur ist nur sehr ungenau abzuschätzen; der Bedarf an Arbeit – unterschieden nach Menge und Qualifikation – ist schwer vorherzusagen, da er von der zukünftigen Güternachfrage (Waren und Dienstleistungen), den Faktorpreisen, dem technischen Fortschritt, also der Produktivität, abhängt. Diese Faktoren sind kaum präzise zu prognostizieren. Beim Arbeitsangebot ist dies leichter, da hierfür die zukünftige Bevölkerungsstruktur ein wesentlicher Faktor ist.[47] Nach einer Bevölkerungsvorausberechnung des Statistischen Bundesamtes[48] wird, bei Annahme eines Wanderungssaldos von 100.000 Personen pro Jahr, die Zahl der Bevölkerung im erwerbstätigen Alter zwischen 15 und 65 Jahren von 55,8 Mio. im Jahr 2001 auf 39,2 Mio. im Jahr 2050 sinken.[49] Es mag gewagt erscheinen, die Bevölkerungsentwicklung eines Landes voraussagen zu wollen; doch anders als wirtschaftliche sind demographische Prognosen relativ treffsicher und zwar wegen der Trägheit der zugrunde liegenden Entwicklungen[50]: „Da alle

---

[46] Vgl. Ebenda, S. 58 *und* Lutz, Wolfgang; O'Neill, Brian; u.a.: Europe's population at a turning point. In: Sience. Vol. 229, S. 1.991 f.

[47] Vgl. Schäfer, Holger; Seyda, Susanne: Arbeitsmärkte. In: Perspektive 2050 – Ökonomik des demographischen Wandels, 2. aktualisierte Aufl., hrsg. von Institut der deutschen Wirtschaft Köln, Köln 2005, S. 98 *und* o.V.: Der Verwaltung droht Personalmangel. Der Staat kämpft mit der demographischen Entwicklung. In: FAZ, Nr. 94, 23.04.2007, S. 11

[48] Vgl. o.V.: Bevölkerung Deutschlands von 2002 bis 2050. 10. koordinierte Bevölkerungsvorausberechnung, hrsg. Statistisches Bundesamt, Wiesbaden 2003

[49] Schäfer, Holger; Seyda, Susanne: Arbeitsmärkte. In: Perspektive 2050..., a.a.O., S. 98

[50] Vgl. Bretz, Michael: Zur Treffsicherheit von Bevölkerungsvorausberechnungen. In: Wirtschaft und Statistik. 11/2001, S. 906 – 921 *und* Birg, Herwig: Die

Menschen, die im Jahr 2050 der Altersgruppe der Älteren angehören werden, bereits geboren sind, kann ihre Zahl (und die ihrer Nachkommen) relativ genau bestimmt werden.".[51] Umso verwunderlicher ist es, dass nicht einmal selbst relativ unpräzise Versuche unternommen werden, die Wirtschaft-, Sozial-, Immigration- und Kulturpolitik auf umwälzende demographische Entwicklungen vorzubereiten, auch wenn, wie gesagt, das tatsächliche Arbeitsangebot zu einem bestimmten Zeitpunkt in der Zukunft weit weniger genau zu prognostizieren ist, da es vom Erwerbsverhalten und der Lebensplanung der Bevölkerung, von der Entwicklung des Bildungsverhaltens, der Wochen-, Monats-, Jahresarbeitszeit, des Rentenbeginns, der Frauenerwerbstätigkeit, der Entwicklung der Migration und der Erwerbsbeteiligung integrierungsfähiger ausländischer Frauen beeinflusst wird.[52] Aus all diesen Faktoren ergibt sich die Höhe des Erwerbspotentials, welches sich zusammensetzt aus Erwerbstätigen (Selbständige und abhängig Beschäftigte), Erwerbslosen und der stillen Arbeitsmarktreserve. Zu letzterer gehören z.B. Arbeitsuchende ohne Meldung beim Arbeitsamt, resignierte, schlecht vermittelbare Personen, die bei besserer Arbeitsmarktlage aber wieder Arbeit suchen, vorzeitig aus dem Erwerbsleben Ausgeschiedene und Teilnehmer an Weiterbildungs- und Umschulungsmaßnahmen.[53] Der demographische Wandel wirkt auf die Altersstruktur des Erwerbspersonenpotentials zweifach ein. Zum einen verringert sich durch fortschreitendes Altern der Anteil des Erwerbspersonenpotentials an der Gesamtbevölkerung; lag es bei 51 % der Bevölkerung, 2050 wird es nur noch 42,5 % betragen, (s. Abb. 8).

---

demographische Zeitenwende. Der Bevölkerungsrückgang in Deutschland und Europa. München 2001, S. 89: Mit einem Beispiel zur Treffsicherheit aus Vorhersagen der Vereinten Nationen: 1950 betrug die Weltbevölkerung 2.521 Mio., vorausgesagt wurden damals für das Jahr 2000 6.100 Mio. Tatsächlich waren es 6.267 Mio., also eine Differenz von weniger als 3,5 %.

[51] Vgl. Schimany, P.: Die Alterung der Gesellschaft. Ursachen und Folgen des demographischen Wandels. Frankfurt 2003, S. 288

[52] Schäfer, Holger; Seyda, Susanne: Arbeitsmärkte. In: Perspektive 2050..., a.a.O., S. 98

[53] Ebenda, a.a.O., S. 98 f. *und* Nicodemus, Gerd: Volkswirtschaft II. Wirtschaftspolitik B. Düsseldorf, S. 63 f.

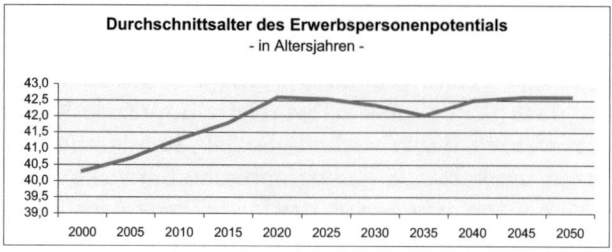

Abb.8 Durchschnittsalter des Erwerbspersonenpotentials[54]

Zum anderen verändert sich der Altersaufbau der Erwerbsfähigen wegen Geburtenrückgang und längerer Lebensarbeitszeit aufgrund höherer Lebenserwartung. Die 60- bis 70-Jährigen werden ihren prozentualen Anteil ausbauen, der Anteil der 30- bis 44-Jährigen wird sich am stärksten verringern (s. Abb. 9).[55]

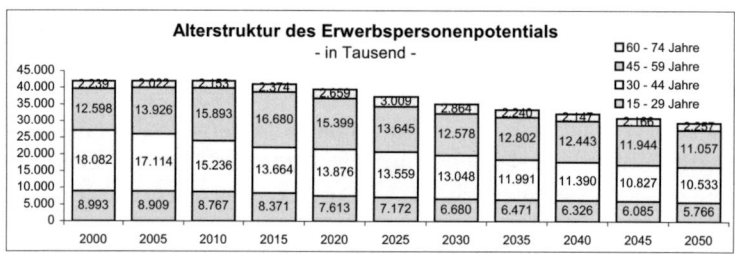

Abb. 9 Altersstruktur des Erwerbspersonenpotentials[56]

Je mehr Ältere sich am Arbeitsmarkt beteiligen, um so höher ist das Durchschnittsalter der Erwerbsfähigen insgesamt. Die demographischen Veränderungen bewirken auf dem Arbeitsmarkt, dass sich zum einen die Altersstruktur zugunsten älterer Jahrgänge verschiebt, also mit dem Altern der Erwerbstätigen eine Alterung der Unternehmensbelegschaften einhergeht, dass aber zum anderen das Erwerbspersonenpotential weniger schnell als die Gesamtbevölke-

---

[54] Entnommen aus: Ebenda, S. 103
[55] Schäfer, Holger; Seyda, Susanne: Arbeitsmärkte. In: Perspektive 2050..., a.a.O., S. 101 ff.
[56] Entnommen aus: Ebenda, S. 101

rung altert, da ein hoher Anteil älterer Menschen jenseits des Renteneintrittsalters die Alterung der Gesamtbevölkerung verstärkt.[57]

---

[57] Schäfer, Holger; Seyda, Susanne: Arbeitsmärkte. In: Perspektive 2050..., a.a.O., S. 103

3 Personalbereitstellung

Nach der Ermittlung eines künftigen Personalbedarfs sind Überlegungen erforderlich, wie dieser Bedarf zu decken sei. Weist die Ermittlungsrechnung eine personelle Unterdeckung aus, so gilt es sich Gedanken zu Personalbeschaffung, Personalbereitstellung, Personalrekrutierung oder Personalgewinnung zu machen.[58] Zwar verfügt die Wirtschaft der BRD trotz anlaufender Konjunktur noch über ein beträchtliches Reservoir von Arbeitslosen (4,108 Mio. gem. registrierter Personen, entsprechend 9,8 %)[59], dennoch wird es für einheimische Unternehmen schon seit Jahren zunehmend schwer, den wachsenden Bedarf an qualifizierten Mitarbeitern zu befriedigen.[60] Bei der Personalbereitstellung geht es zum einen um die zeit- und sachgerechte Ausstattung des Betriebes mit Arbeitskräften entsprechender Qualität, einschließlich der Durchführung aller dazu erforderlichen Maßnahmen, zum anderen um die Zuordnung (den Einsatz) dieser Arbeitskräfte zu einzelnen Organisationseinheiten (z.B. Stellen) oder Aufgaben.[61]

3.1 Personalbeschaffung

Die Personalbeschaffung zählt zu den wichtigsten Aufgaben der Personalwirtschaft, da sie i.d.R. langwirkende Investitionen zur Folge hat, deren Rentabilität sorgfältig beobachtet und geprüft werden muss (Kosten-Nutzen-Verhältnis).[62] Die Personalbeschaffung befasst sich mit der Feststellung und Deckung des Personalbedarfs nach

---

[58] Schanz, Günther: Personalwirtschaftslehre. Lebendige Arbeit in verhaltenswissenschaftlicher Perspektive. 3., neu bearbeitete und erweiterte Aufl. München 2000, S. 342
[59] Bericht der Bundesagentur für Arbeit, März 2007
[60] Bröckermann, Reiner; Pepels, Werner: Personalmarketing, Akquisition – Bindung – Freistellung. Stuttgart 2002, S. 57
[61] Schleja, Dieter: Optimale Personalbereitstellung bei Investitionsvorhaben. Lohmar 1998, S. 8
[62] Olfert, Klaus: Personalwirtschaft. 12., überarbeitete und aktualisierte Aufl., Ludwigshafen (Rhein) 2006, S. 103

quantitativen und qualitativen Kriterien unter Berücksichtigung der Planungszeitpunkte und Bedarfsorte.[63]

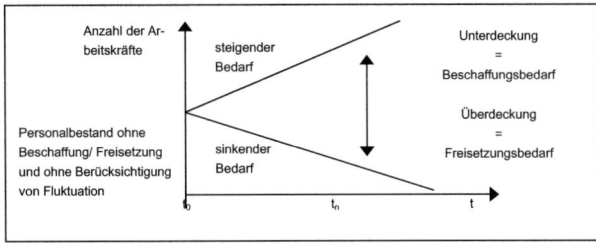

Ab. 10: Notwendigkeit der Planung von Personalbeschaffung und Personalfreisetzung[64]

Wie in Abb. 10 erkennbar, verläuft der Planungsprozess in verschiedenen Phasen: Planung des quantitativen Bruttopersonalbedarfs[65] für den zukünftigen Planungszeitpunkt, Planung des qualitativen Personalbestands zum zukünftigen Planungszeitpunkt, Ermittlung des quantitativen Netto-Personalbedarfs[66] und anschließender Planung konkreter Maßnahmen der Beschaffung oder eventueller Freisetzung von Arbeitskräften.[67]

3.2 Personalbedarfsplanung

Die Personalbedarfsplanung bildet ein wichtiges Instrument zur Erfüllung der dem Personalwesen vorgegebenen wirtschaftlichen und sozialen Ziele. Sie bildet die zentrale Schnittstelle zu allen anderen betrieblichen Teilplanungen, aus denen sich die jeweiligen personel-

---

[63] Ebenda, S. 101 ff. *und* Bühner, Rolf: Personalmanagement. 3., überarbeitete und erweiterte Aufl., München 2005, S. 55 *und* Hentze, Joachim: Personalbedarfsermittlung. In: Handbuch Personalmarketing. 2., erweiterte Aufl., Wiesbaden 1989, S. 161

[64] Entnommen aus: Bühner, Rolf: Personalmanagement. a.a.O., S. 55

[65] Bruttopersonalbedarf ist der benötigte Soll-Personalbedarf zum Stichtag X.

[66] Nettopersonalbedarf ergibt sich aus dem Vergleich von Ist-Bestand und Brutto-Personalbedarf. Vgl. Bühner, Rolf: Personalmanagement. a.a.O., S. 67

[67] Bühner, Rolf: Personalmanagement. a.a.O., S. 55

len Konsequenzen ergeben.[68] Ziel der Personalplanung ist es, das für das Unternehmen zu festgelegten und bekannten Zeitpunkten erforderliche Personal nach Anzahl und Qualität bereitzustellen und es rationell einzusetzen. Die Ziele für die Planung des Personalmanagements gibt die Unternehmensgesamtplanung vor: Die wichtigste Voraussetzung für eine wirksame Personalplanung ist eine vernünftige Gesamtplanung des Unternehmens. Ebenso wichtig ist die rechtzeitige und umfassende Information der Personalplanungsinstanz über Veränderungen in der Gesamtplanung des Unternehmens, soweit sie personelle Konsequenzen nach sich ziehen.[69] Nur so kann sie frühzeitig die für Personalplanung und ihre verschiedenen Planungsfelder relevanten personellen Folgen erkennen und zielorientiert Gestaltungsrichtlinien und -maßnahmen ableiten. Die Personalplanung ist mit Produktions-, Investitions-, Absatzplanung wesentlich verbunden; jede betriebliche Planung bedingt gleichzeitig eine Einschätzung der daraus folgenden personellen Erfordernisse.[70] Kurz, die Personalplanung soll darauf hinwirken, dass personelle Faktoren in allen Phasen der Gesamtunternehmensplanung rechtzeitig und gebührend berücksichtigt werden. Bei der Personalbedarfsplanung stehen die Ermittlung des derzeitigen Personalbestands (Ist-Personalbestand), dessen zu erwartende Entwicklung und die Prognose des zukünftigen Personalbedarfs (Soll-Personalbestand) im Mittelpunkt. Aus der sich ergebenen Diskrepanz zwischen Ist- und Soll-Bestand sind Planung und Maßnahmen zur Beschaffung, Entwicklung bzw. Freistellung vom Personal abzuleiten.[71] Die Personalbedarfsplanung erfolgt grundsätzlich in drei Schritten, wie in der folgenden Abb. 11 dargestellt wird:

---

[68] Oechsler, Walter A.: Personal und Arbeit – Grundlagen des Human Resources Management und der Arbeitgeber-Arbeitnehmer-Beziehungen. München 2006, S. 165
[69] Vgl. Stopp, Udo: Betriebliche Personalwirtschaft. Zeitgemäße Personalwirtschaft – Notwendigkeit für jedes Unternehmen. 23. Aufl., Renningen-Malmsheim 1999, S. 21
[70] Ebenda, S. 22
[71] Oechsler, Walter A.: Personal und Arbeit..., a.a.O., S. 160

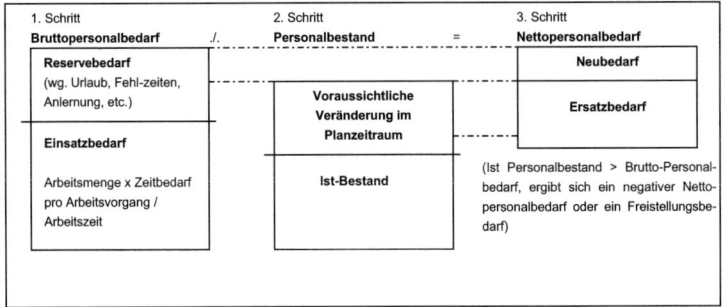

Abb. 11 Vorgehensweisen der Personalbedarfsplanung[72]

Die Höhe des Personalbedarfs wird durch Rahmenbedingungen unternehmensinterner (wie z.b. Absatzplanung, technische Ausstattung, Altersstruktur, Personalbestand, Fehlzeiten) und unternehmensexterner Art (Konjunktur, europäische und deutsche gesetzlich rechtliche Rahmenbedingungen, soziale und technologische Entwicklungen) beeinflusst, deren künftige Entwicklung so gut wie möglich (eine Gleichung mit vielen Unbekannten) prognostiziert werden muss. Die unternehmensinternen Faktoren können vom Unternehmen selbst beeinflusst werden, wobei für Industrieunternehmen die Absatzplanung der Ausgangspunkt sein sollte. Die unternehmensexternen Faktoren hingegen sind nur schwer oder kaum beeinflussbar, da diese vorgegeben werden und sich das Unternehmen an sie anpassen muss.[73]

Es gibt verschiedene Möglichkeiten der Personalbedarfsplanung: das Intuitive Verfahren, das arbeitswissenschaftliche Verfahren und das mathematische Verfahren. Bei der Auswahl der Instrumente ist die Berücksichtigung der Umweltdynamik besonders wichtig: In einer eher strategisch-orientierten Umwelt werden arbeitswissenschaftliche und mathematische Verfahren angewendet, in einer eher dynamisch sich entwickelnden Umwelt kommen die intuitiven Verfahren zum Zuge.[74]

---

[72] Entnommen aus: Ebenda, S. 165
[73] Hohlbaum, Anke; Olesch, Gunther: Human Resources. Rinteln 2004, S. 19 f.
[74] Oechsler, Walter A.: Personal und Arbeit..., a.a.O., S. 166 ff.

Bei der Personalbedarfsplanung ist selbstverständlich der Betriebsrat (BR) zu berücksichtigen. So muss der Arbeitgeber den BR gem. § 92 Abs. 1 BetrVG über die Personalplanung und den aktuellen und zukünftigen Personalbedarf rechtzeitig und umfassend informieren. Der BR kann seinerseits dem Arbeitgeber Vorschläge für die Einführung einer Personalplanung und ihre Durchführung machen (§ 92 Abs. 2 BetrVG).[75]

3.3 Methoden der Personalbeschaffung

Man unterscheidet die interne von der externen Personalbeschaffung.[76] Von interner Personalbeschaffung wird gesprochen, wenn auf bereits im Unternehmen vorhandene Mitarbeiter zurückgegriffen wird.[77] Bei der externen Personalbeschaffung werden Bewerber gewonnen, die von außerhalb des Unternehmens kommen.[78] Die Personalabteilung hat bei der Besetzung einer offenen Stelle die Zustimmung des BR bzgl. der für die Personalbeschaffung notwendigen Informationsgrundlagen zu beachten. Gem. §§ 95 und 99 BetrVG bedarf es auch der Zustimmung des BR bei Versetzungen, Umgruppierungen und Einstellungen.[79] Für welchen Personalbeschaffungsweg sich das Unternehmen entscheidet, hängt von der jeweiligen Situation ab.

---

[75] Beck-Texte: Arbeitsgesetzte. BetrVG
[76] Bühner, Rolf: Personalmanagement. a.a.O., S. 69 *und* Olfert, Klaus: Personalwirtschaft. a.a.O., S. 105 ff.
[77] Bröckermann, Reiner; Pepels, Werner: Personalmarketing..., a.a.O., S. 57
[78] Bröckermann, Reiner; Pepels, Werner: Personalmarketing..., a.a.O., S. 57
[79] Lipperheide, Peter J.: Arbeitsrecht. Stuttgart 2005, S. 234

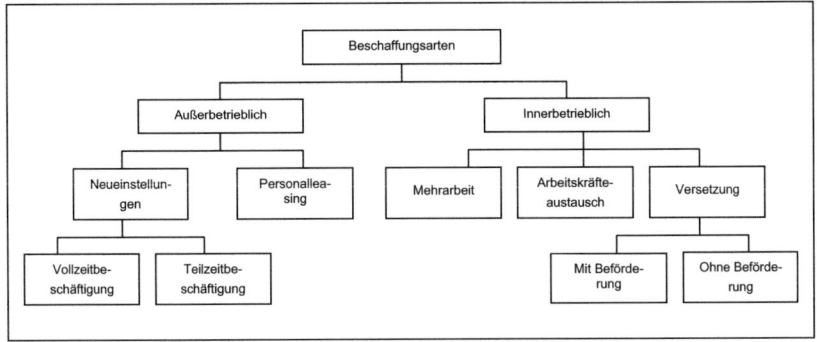

Abb. 12 Beschaffungsarten[80]

3.3.1 Interne Beschaffungswege

Innerbetriebliche Personalbeschaffung können Maßnahmen ohne Personalbewegung und mit Personalbewegung sein: Ohne Personalbewegung kann man temporär Überstunden, vorübergehende Verlängerung der betrieblichen Arbeitszeit und Verschiebung von Urlaub in die Zeit ruhiger Geschäftsphasen einsetzen.[81] Zu den Maßnahmen der Beschaffung mit Personalbewegung gehören Versetzungen, die durch innerbetriebliche Bewerbungen, Vorschläge von Vorgesetzten oder durch Qualifizierungsmaßnahmen ausgelöst werden.[82] Die Vorteile der innerbetrieblichen Personalbeschaffung sind, dass die Beschaffungskosten relativ gering sind und es möglich ist, die freie Stelle relativ schnell zu besetzen. Aufstiegsmöglichkeiten im eigenen Betrieb motivieren Arbeitnehmer und fördern die Bindung ans Unternehmen. Hinzu kommt, dass das Risiko der Fehlbesetzung geringer ist, da die Leistungen des Bewerberkandidaten dem Unternehmen schon bekannt sind. Allerdings ist die Personalauswahl relativ gering, Fortbildungsmaßnahmen können nötig sein und Rivalität unter den Mitarbeitern kann entstehen. Außer-

---

[80] Entnommen aus: Bröckermann, Reiner; Pepels, Werner: Personalmarketing..., a.a.O., S. 57
[81] Bühner, Rolf: Personalmanagement. a.a.O., S. 71
[82] Ebenda, S. 71 *und* Olfert, Klaus: Personalwirtschaft. a.a.O., S. 106 f.

dem müsste eventuell eine andere freiwerdende Stelle im Betrieb neu besetz werden.[83]

3.3.2 Externe Beschaffungswege

Ist es nicht möglich, freie Stellen im Betrieb aus den eigenen Reihen zu besetzen, konzentriert sich die Anwerbung auf den externen Arbeitsmarkt. Bei der außerbetrieblichen Personalbeschaffung unterscheidet man zwischen der aktiven Personalwerbung und einer passiven Personalrekrutierung.[84]

Passive Methoden können die Sichtung von Initiativ-Bewerbungen sein, persönliche Vorsprachen durch Bewerber, Auswertung der betriebsinternen Bewerberdatei und Stellengesuche im Internet oder in Printmedien sowie die Hinzuziehung öffentlicher Stellen der Arbeitsvermittlung. Bei der aktiven Personalwerbung gilt es, den Arbeitsmarkt über einen konkreten Personalbedarf zu informieren.[85]

Der BR hat, wie bei fast allen personellen Problemen, sowohl bei interner als auch bei externer Personalrekrutierung Mitbestimmungsrechte. So muss der BR gem. § 94 Abs. 1 BetrVG Einsicht in die betreffenden Informationsunterlagen (z.B. Personalfragebogen) nehmen können.[86] Weiter kann der BR gem. § 93 BetrVG vor der externen eine innerbetriebliche Stellenausschreibung verlangen, wenn dies nicht geschieht, sogar seine Zustimmung gem. § 99 Abs. 2 Nr. 5 BetrVG zur Einstellung eines externen Bewerbes verweigern.[87]

Die Rekrutierung von geeignetem Personal außerhalb des Unternehmens ist zwar sehr kosten- und zeitintensiv (Aufwand für Werbung, Auswahl, usw.), dafür werden aber die Kosten für Ausbildung und erste Berufserfahrungen auf andere Unternehmen verlagert. Wiederum kann, bei externer Personalrekrutierung, das eigene Stammpersonal mit Unzufriedenheit, mangelnder Loyalität reagieren, weil es sich übergangen fühlen könnte. Aber interne Personalsi-

---

[83] Bühner, Rolf: Personalmanagement. a.a.O., S. 70 *und* Bröckermann, Reiner; Pepels, Werner: Personalmarketing..., a.a.O., S. 59
[84] Bühner, Rolf: Personalmanagement. a.a.O., S. 72
[85] Vgl. Ebenda S. 72 ff. *und* Olfert, Klaus: Personalwirtschaft. a.a.O., S. 112 ff.
[86] Bühner, Rolf: Personalmanagement. a.a.O., S. 70
[87] Ebenda S. 69 *und* Lipperheide, Peter J.: Arbeitsrecht. a.a.O., S. 50

tuation und demographische Entwicklung lassen insgesamt zur externen Personalbeschaffung oft keine Alternative. Dazu die folgenden Erörterungen.[88]

3.3.2.1 Bundesagentur für Arbeit

Wichtiges Medium der externen Personalbeschaffung ist die Meldung der freien Stellen im Betrieb an die Bundesagentur für Arbeit (BA). Mit ihren 10 Regionaldirektionen (früher Landesarbeitsämter genannt) hat die BA das Recht, Berufsberatung, Vermittlung in berufliche Ausbildungsstellen und Arbeitsvermittlung zu betreiben. Dazu unterhält sie mehrere Einrichtungen:[89]

- 180 Agenturen für Arbeit (AA) mit ihren 660 Nebenstellen, deren Schwerpunkt früher die Arbeitsvermittlung war.
- Jobbörsen (nicht kommerzielle Jobbörsen), die seit Ende 2003 wesentlich verbessert wurden und mittlerweile ein komplettes Bewerbermanagement für Arbeitgeber ermöglichen mit inzwischen mehr als 350.000 Stellenangeboten und über eine Mio. abrufbarer Stellengesuche.[90]
- Personal-Service-Agenturen (PSA)[91], deren Aufgabe (lt. § 37c SGB III) es ist, eine Arbeitnehmerüberlassung zur Vermittlung von Arbeitslosen in Arbeitsverhältnisse durchzuführen, sowie ihre Beschäftigten in verleihfreien Zeiten zu qualifizieren und weiterzubilden. Zur Einrichtung von PSA schließt die Agentur für Arbeit mit genehmigt tätigen Verleihern Verträge.

Die BA bietet eine große Auswahl an Stellenangeboten und ist auch in Bezug auf die Zahl der Online-Besucher eine erste Adresse für Personalabteilungen. Des weiteren sind Suchaufträge möglich: BA-

---

[88] Oechsler, Walter A.: Personal und Arbeit..., a.a.O., S. 219
[89] Olfert, Klaus: Personalwirtschaft., a.a.O., S. 113
[90] Ebenda, S. 123, 113
[91] Bundesagentur für Arbeit: Informationen zur Einrichtung von Personal-Service-Agenturen (PSA) nach § 37c Sozialgesetzbuch Drittes Buch (SGB III) (Stand: 10.01.2006), http://www.arbeitsagentur.de/zentraler-Content/A01-Allgemein-Info/A011-Presse/Publikation/pdf/Konzeption-PSA.pdf, 26.03.2007, 15:52, S. 1

Mitarbeiter suchen, nach Einreichung eines Bewerberprofils, in ihren Datenbanken nach geeigneten Kandidaten.[92]

Es ist sehr sinnvoll für Unternehmen, engen Kontakt mit der örtlichen AA zu halten: So können die Vermittler die Unternehmen genau kennen lernen, sie gut beraten und ihnen passendes Personal vermitteln.[93] Neben der Vermittlung von Arbeitskräften bietet die AA finanzielle Zuschüsse verschiedenster Art an, wie z.B.:[94]

- Eingliederungszuschüsse bei Einstellung von schwer vermittelbaren Arbeitnehmern,
- Einstellungszuschüsse bei Neugründungen,
- Einstellungszuschüsse bei Vertretungen (wenn etwa ein Arbeitgeber einem Arbeitnehmer die Teilnahme an einer Weiterbildung ermöglicht, kann er einen Zuschuss zum Arbeitsentgelt des Vertreters erhalten),
- Zuschuss zum Arbeitsentgelt für Ungelernte,
- Förderung der Teilhabe behinderter Menschen am Arbeitsleben (Zuschüsse zur Ausbildungsvergütung, Arbeitshilfen für behinderte Menschen, Probebeschäftigung behinderter Menschen) und der beruflichen Eingliederung schwerbehinderter Menschen,
- Kurzarbeitergeld,
- Erstattung von Sozialversicherungsbeiträgen der Bezieher von Saison-Kurzarbeitergeld,
- Erstattung der Mindestaufwendungen durch die Zahlung eines Aufstockungsbetrages bei Altersteilzeitbeschäftigten.

3.3.2.2 Personalberatungen

Personalberater unterstützen einzelne Betriebe bei Suche und Auswahl vor allem von Führungskräften und Spezialisten (im Fachjar-

---

[92] Bröckermann, Reiner; Pepels, Werner: Personalmarketing..., a.a.O., S. 292
[93] Olfert, Klaus: Personalwirtschaft. a.a.O., S. 115
[94] Bundesagentur für Arbeit: Was? Wie viel? Wer?. Finanzielle Hilfen auf einen Blick. Broschüre, Nürnberg 2007

gon auch als „Headhunter" bezeichnet).[95] Sie sprechen gezielt Personen auf dem Arbeitsmarkt oder in Schlüsselpositionen an und versuchen, diese zu einem Wechsel, oft auch zu einem direkten Wettbewerber, zu bewegen.[96]

Zu ihren Aufgaben zählen:[97]

- Analyse der zu besetzenden Position,
- Formulieren einer Stellenanzeige (Printmedien, Internet, etc.), in der der Personalberater unter seinem eigenen Namen wirbt, das auftraggebende Unternehmen i.d.R. nicht genannt wird,
- Prüfen und bewerten der eingegangenen Bewerbungsunterlangen in Absprache mit dem Auftraggeber,
- Bewerbungsgespräche,
- Beurteilen und auswählen der ernsthaft in Frage kommenden Bewerber,
- Mitwirken bei der Vorstellung beim Auftraggeber,
- Beraten bei der Auswahlentscheidung.

Personalberater verfügen durch ihre Zusammenarbeit mit einer Vielzahl von Unternehmen über weit reichende Kenntnisse und Erfahrungen. Für ihre Leistungen berechnen sie ein meist erfolgsunabhängiges Beratungshonorar.[98]

3.3.2.3 Personalleasing

Zum Abdecken kurzfristiger Personalengpässe eignet sich die Form des Personalleasings (auch Zeitarbeit, Leiharbeit oder Arbeitnehmerüberlassung genannt): Dies ist eine Grundform des flexiblen Personaleinsatzes. Seit Anfang 2004 können die Zeitarbeitsverträge unbefristet abgeschlossen werden, zuvor lag die Obergrenze bei

---

[95] Bröckermann, Reiner; Pepels, Werner: Personalmarketing..., a.a.O., S. 61
[96] Schanz, Günther: Personalwirtschaftslehre. a.a.O., S. 347
[97] Bröckermann, Reiner; Pepels, Werner: Personalmarketing..., a.a.O., S. 62
[98] Olfert, Klaus: Personalwirtschaft. a.a.O., S. 123

24 Monaten.[99] In Abb. 13 sind die Beziehungen der Beteiligten zu erkennen.

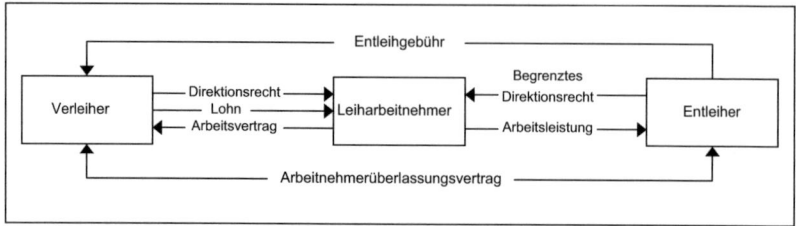

Abb. 13   Arbeitnehmerüberlassung beim Personalleasing[100] [101]

Um Missbrauch vorzubeugen, ist die gewerbsmäßige Arbeitnehmerüberlassung an gesetzliche Vorgaben gebunden und im AÜG (Fassung vom 23.12.2003) geregelt. Dieses Gesetz schützt vor allem den Leiharbeitnehmer arbeits- und sozialrechtlich und enthält dazu gewerbsrechtliche, zivil- und strafrechtliche Bestimmungen. Um

---

[99] o.V.: Zeitarbeit/Personalleasing. http://www.foederland.de/832.0.html *und* Stelzer-Rothe, Thomas; Hohmeier, Frank: Personalwirtschaft. a.a.O., S. 65

[100] Entnommen aus: Olfert, Klaus: Personalwirtschaft. a.a.O., S. 124

[101] o.V.: Zeitarbeit/Personalleasing. http://www.foederland.de..., a.a.O. *und* Olfert, Klaus: Personalwirtschaft. a.a.O., S. 124 *und* Oechsler, Walter A.: Personal und Arbeit..., a.a.O., S. 241

Zu erkennen sind in Abb. 13 die Beziehungen zwischen den einzelnen Parteien beim Personalleasing. Es ist eine Art Dreiecksverhältnis zwischen einem Zeitarbeitsunternehmen, einem Zeitarbeiter und einem Entleihunternehmen. Der Arbeitsvertrag (Leiharbeitsvertrag) wird zwischen dem Zeitarbeitsunternehmen und dem Zeitarbeiter geschlossen. Das Unternehmen übernimmt dabei alle üblichen Arbeitgeberpflichten und -rechte, hat allerdings nur ein begrenztes Direktionsrecht für Weisungen vor Ort. Das Zeitarbeitsunternehmen überlässt im Rahmen eines Zeitarbeitsüberlassungsvertrages den Zeitarbeiter, dessen Tauglichkeit er gewährleisten muss, gegen eine Vergütung einem Entleihunternehmen. Zwischen diesem und dem Leiharbeiter besteht kein Vertragsverhältnis. Das Entleihunternehmen hat dem Leiharbeiter gegenüber allerdings ein aufgabenbezogenes Weisungsrecht, dem der Leiharbeiter zu folgen hat. Der Entleiher bezahlt dem Leiharbeitnehmer den Nettolohn und führt auch die Steuern und Sozialabgaben ab. Hiervon sind Tätigkeiten auf Grundlage eines Dienst- oder Werkvertrages nach §§ 611, 631 BGB zu unterscheiden, die von Arbeitnehmern gem. der Weisung ihres Arbeitgebers in fremden Betrieben durchgeführt werden.

Arbeitnehmer gewerbsmäßig verleihen zu können, bedarf es einer Genehmigung der Arbeitnehmerüberlassung, die vom jeweils zuständigen Landesarbeitsamt erteilt wird (gem. § 1 Nr. 1 AÜG). Diese Erlaubnis wird zunächst für ein Jahr befristet, nach drei Jahren unbefristet erteilt. Der Vertrag zwischen Ver- und Entleiher erfordert Schriftform (§ 12 Nr. 1 AÜG). Der Arbeitsvertrag zwischen dem Verleiher und Leiharbeitnehmer muss unbefristet sein (§ 3 AÜG).[102]

Für einen Leiharbeitsvertrag gelten die allgemeinen arbeitsrechtlichen Normen, § 14 AÜG regelt die betriebsverfassungsrechtliche Stellung von Leiharbeitnehmern. Lt. § 99 BetrVG ergibt sich ein Mitbestimmungsrecht des BR bei der Einstellung von Leiharbeitnehmern.[103] Zeitarbeit erfreut sich, dank ihrer Vorzüge für alle Beteiligten, großer Beliebtheit: Durch den Einsatz von Zeitarbeitskräften können Entleih-Unternehmen den Personalbedarf bei Engpässen schnell und flexibel decken und noch dazu kostengünstiger. Dazu ist das Risiko einer Fehleinstellung viel geringer:[104] Personalleasing stellt dazu eine besondere und kostengünstige Form der Personalakquisition dar, da der Leasingnehmer neue Arbeitskräfte unverbindlich und ohne Risiko (Formalitäten, Probezeit) „testen" kann. Sollte das Unternehmen nicht mit der Leasingkraft zufrieden sein, kann es sie problemlos auswechseln lassen, bei Interesse und Bedarf hingegen kann es Personen abwerben und fest einstellen.[105] Andererseits ist der Einarbeitungsaufwand relativ hoch und häufiger Personalwechsel kann für Unruhe im Unternehmen sorgen.[106] Im Jahr 2004 lag die Anzahl überlassener Leiharbeitnehmer bei 385.246, was einen Anteil von 1,46 % an den sozialversicherungspflichtigen Beschäftigten ausmachte. 1997 lag der Anteil noch bei 0,9 %.[107]

---

[102] Oechsler, Walter A.: Personal und Arbeit..., a.a.O., S. 252 *und* Stelzer-Rothe, Thomas; Hohmeier, Frank: Personalwirtschaft. a.a.O., S 65 *und* o.V.: Zeitarbeit/Personalleasing. http://www.foederland.de..., a.a.O.
[103] Oechsler, Walter A.: Personal und Arbeit..., a.a.O., S. 253
[104] Bröckermann, Reiner; Pepels, Werner: Personalmarketing..., a.a.O., S. 65
[105] Ebenda, S. 65
[106] o.V.: Zeitarbeit/Personalleasing. http://www.foederland.de..., a.a.O. *und* Olfert, Klaus: Personalwirtschaft. a.a.O., S. 126 f.
[107] Oechsler, Walter A.: Personal und Arbeit..., a.a.O., S. 252

3.3.2.4 Stellenanzeigen in Printmedien

Natürlich kann auch heute noch ein Unternehmen in Eigeninitiative geeignete Arbeitskräfte finden, z.B. durch die gute alte Zeitungsannonce (Tageszeitungen, Fachzeitschriften, usw.). Der Erfolg einer Stellenanzeige hängt stark davon ab, wie zielgruppensicher die ausgewählten Medien und wie zielgruppenorientiert die Gestaltung und Inhalt der Anzeige sind (Größe, Text, Gestaltung, Zeitpunkt der Veröffentlichung). Sie sollte hinweisen auf die Unternehmensbranche, die zu besetzende Position und geforderte Voraussetzungen.[108] Man unterscheidet zwischen offenen Stellenanzeigen, Chiffreanzeigen und Anzeigen von Personalberatern.

Offene Stellenanzeigen enthalten den Namen des inserierenden Unternehmens, der Bewerber kann sich ergebnisorientierter bewerben.[109]

Dagegen Chiffreanzeigen: Von Intention und Erfolg her werden sie eher negativ beurteilt. Vor allem Führungskräfte reagieren ungern auf derartige Annoncen, z.B. wegen des Risikos der Bewerbung im eigenen Unternehmen, trotz zugesicherter Vertraulichkeit.[110] Deshalb sollten sie nur ausnahmsweise und bei Vorliegen wichtiger Gründe eingesetzt werden, wenn z.B. der inserierte Arbeitsplatz noch nach mehreren Versuchen nicht besetzt ist oder er der Konkurrenz oder unerwünschten Interessenten nicht bekannt werden soll.[111]

3.3.2.5 Das Internet[112]

Das Internet gewinnt immer mehr Bedeutung im Personalwesen mit einer Vielzahl von Möglichkeiten und Erleichterungen für alle Beteiligten:[113]

- erhebliche Kosten- und Zeitersparnis,

---

[108] Bröckermann, Reiner; Pepels, Werner: Personalmarketing..., a.a.O., S. 63
[109] Olfert, Klaus: Personalwirtschaft. a.a.O., S. 118 f.
[110] Bröckermann, Reiner; Pepels, Werner: Personalmarketing..., a.a.O., S. 63 f.
[111] Olfert, Klaus: Personalwirtschaft. a.a.O., S. 119
[112] Bröckermann, Reiner; Pepels, Werner: Personalmarketing..., a.a.O., S. 68 f.
[113] Ebenda, S. 79 ff.

- erweiterte Ansprachemöglichkeit von besonders relevanten Zielgruppen,
- höhere zeitliche und räumliche Erreichbarkeit für alle Beteiligten,
- einfache Informationsbereitstellung und jederzeit mögliche Aktualisierung,
- Positive Imageeffekte in der Öffentlichkeit, wieder für alle Beteiligten.

Unternehmen, Personalberater, Arbeitskräfte und die BA beteiligen sich mittlerweile an Online-Jobbörsen, um Arbeit zu suchen, offene Stellen anzubieten und zu besetzen: Stellenanbieter und Stellensucher werden hier zusammengeführt. Zusätzlich verschafft ein professioneller Internet-Auftritt einem Unternehmen und seinem Personalmarketing ein positives Image in der Öffentlichkeit und für mögliche Bewerber. Diese können ihrerseits Daten direkt in ein prozessorientiertes Bewerbermanagement-System eingeben, wodurch sich wiederum die Arbeit der Personalsachbearbeiter vereinfacht (z.B. keine manuelle Eingabe der Bewerberdaten).[114]

---

[114] Bröckermann, Reiner; Pepels, Werner: Personalmarketing..., a.a.O., S. 79 ff.

4 Änderung der innerbetrieblichen Personalbereitstellung als Reaktion auf den demographischen Wandel

Wenn man den Personalbedarf zu einem bestimmten zukünftigen Zeitpunkt festgestellt hat, können bei seiner Deckung drei idealtypische Grundsituationen unterschieden werden: Die Personalgewinnung, das (Um-)Disponieren bei unverändertem Personalbestand oder die Personalreduzierung. An ihnen orientiert sich die Darstellung des Problems der Anpassung der personellen Kapazitäten.[115]

Die Möglichkeiten, die ein Unternehmen hat, seinen Bedarf an Fachkräften sicherzustellen sind vielseitig, seit längerem bekannt und erprobt. In unserem Zusammenhang soll vor allem die Bedeutung der Intensivierung und Ausweitung hervorgehoben werden, um möglichst alle bereits vorhandenen Arbeitsressourcen zu (re-) aktivieren. Vor allem jüngere, gut ausgebildete Frauen bilden ein großes Reservoir an guten Fachkräften. So versuchen Unternehmen heute schon durch flexible Formen der Arbeitsorganisation und Arbeitszeit die Vereinbarkeit von Familie und Arbeit zu ermöglichen. Eine weitere Möglichkeit ist, die benötigten Fachkräfte aus dem inner- und außereuropäischen Ausland anzuwerben. Betrachtet man dazu den demographischen Wandel, wird der Rückgriff auf das Potential älterer Menschen im Unternehmen künftig von größter Bedeutung sein.[116]

4.1 Personalentwicklung

Der Begriff der Personalentwicklung beinhaltet die planmäßige Erweiterung der fachlichen, methodischen, sozialen und persönlichen Qualifikation der Mitarbeiter, durch Ausbildung, Fortbildung und Umschulung.[117] Während die Ausbildung eine kontinuierliche Basismaßnahme zur Personalentwicklung ist, sind Fortbildung und

---

[115] Schanz, Günther: Personalwirtschaftslehre. a.a.O., S. 342
[116] Adenauer, Sybille: Die Älteren und ihre Stärken – Unternehmen handeln. http://www.fortbildung-bw.de//03_aeltere_an/downloads/Aeltere_Adenauer.pdf, S. 37
[117] Bühner, Rolf: Personalmanagement. a.a.O., S. 95
[118] Stelzer-Rothe, Thomas; Hohmeier, Frank: Personalwirtschaft. a.a.O., S. 167 *und* Olfert, Klaus: Personalwirtschaft. a.a.O., S. 412

Umschulung eher fallweise Maßnahmen. Alle drei Elemente werden im Berufsbildungsgesetz (BBiG) geregelt. Personalentwicklung i.w.S. schließt zusätzlich die sogenannte Personalförderung ein. Dazu gehören Maßnahmen wie das Coaching[118] (eine Führungskraft oder externer Berater kümmert sich gezielt um einen einzelnen Mitarbeiter mit dem Ziel, den beruflichen Reifegrad des Mitarbeiters zu erhöhen), das Mentoring[119] (Anleitung und Beratung neuer Mitarbeiter durch regelmäßige Gespräche mit einem Mentor), das jobenrichment[120] (Arbeitsbereicherung, d.h. zu den bestehenden Aufgaben kommen neue qualitativ höherwertige) und das jobenlargement[121] (Arbeitserweiterung, was bedeutet, dass neue, qualitativ etwa gleichwertige Aufgaben, die bestehenden erweitern).[122]

Darüber hinaus muss die Personalentwicklung effizient gestaltet sein, damit die nötigen Inhalte in der zur Verfügung stehenden Zeit auch vermittelt werden können. Somit reicht es nicht mehr sich in der ersten Ausbildung Wissen und Fähigkeiten anzueignen, man muss vielmehr in der Lage sein, sich sein Leben lang weiterzubilden.[123] Es ist die Aufgabe der Personalentwicklung, alle Maßnahmen einzuleiten, die auf eine Verbesserung der Qualifikationen von Arbeitskräften abzielen.[124]

Die traditionell grundlegende Möglichkeit den personellen Bedarf zu decken, ist die Berufsausbildung im eigenen Betrieb, zunächst vor allem nach eigenen Bedürfnissen.

4.1.1 Berufsausbildung

Die berufsvorbereitende Bildung („Lehre" vor 1969), in Deutschland ein vom Ausland vielbeneidetes duales Ausbildungssystem, ist im Berufsbildungsgesetz vom 14.08.1969, zuletzt geändert am 31.10.2006, geregelt. „Duales System", da parallel praktische und

---

[119] Ebenda, S. 168 *und* Ebenda, S. 412
[120] Olfert, Klaus: Personalwirtschaft. a.a.O., S. 183 *und* Bühner, Rolf: Personalmanagement. a.a.O., S. 112
[121] Ebenda, S. 183 *und* Ebenda, S. 112
[122] Bühner, Rolf: Personalmanagement. a.a.O., S. 95 ff. *und* Olfert, Klaus: Personalwirtschaft. a.a.O., S. 375
[123] Stelzer-Rothe, Thomas; Hohmeier, Frank: Personalwirtschaft. a.a.O., S. 152
[124] Ebenda, S. 153

theoretische Kenntnisse und Fähigkeiten vermittelt werden. Gem. § 2 BBiG sollen die kognitiven Fähigkeiten in der Berufsschule, der praktische Ausbildungsteil im Betrieb vermittelt werden, idealer Weise synchron, auch wenn dies nicht immer praktikabel ist: Die Ausbildungsziele sollten jedenfalls nicht voneinander abweichen.[125] Die Ausbildung umfasst nach § 1 BBiG die Vermittlung von Kenntnissen und Fertigkeiten, die zur Erreichung des Ausbildungsziels notwendig sind und bei welcher der Auszubildende auf einen anerkannten Ausbildungsberuf vorbereitet wird. Dies soll den Nachwuchs im Unternehmen in allen Bereichen sichern. Für die Gestaltung des Ausbildungsganges aber gibt das Gesetz nur allgemeine Hinweise im § 4 BBiG. Gem. § 4 i.V.m. § 5 BBiG muss ein Ausbildungsrahmenplan erstellt werden.[126] Die gesamte Ausbildungsdauer sollte lt. § 5 Abs. 1 Nr. 2 BBiG nicht mehr als drei und nicht weniger als zwei Jahre betragen. Als Grundlage des Ausbildungsverhältnisses muss gem. § 10 BBiG i.V.m. § 11 BBiG zwischen dem Ausbilder und dem Auszubildenden ein Ausbildungsvertrag bestehen, für den im wesentlichen die Rechtsvorschriften des Arbeitsvertrages gelten.[127]

Gem. § 28 BBiG darf nur jemand ausbilden, der dafür persönlich und fachlich geeignet ist. Voraussetzung, Ausbilder sein zu können, ist demnach nicht nur alle nötigen Kenntnisse und Fähigkeiten für einen Beruf zu beherrschen, sondern auch die persönliche Eignung. So hat der Ausbilder gem. § 29 BBiG nachzuweisen, dass er berufs- und arbeitspädagogische Kenntnisse in ausreichendem Maße besitzt.[128] Bisher mussten die Ausbilder durch Ablegen einer Prüfung die notwendigen berufs- und arbeitspädagogischen Kenntnisse, die in § 2 AEVO geregelt sind, nachweisen. Die Bundesregierung hat jedoch die Ausbildungseignungsverordnung zum 01.08.03 für fünf Jahre (bis zum 31.07.2008) ausgesetzt, aufgrund des starken

---

[125] Harlander, Norbert; Heidack, Clemens; u.a.: Personalwirtschaft. 3. überarbeitete Aufl. Landsberg/Lech 1994, S. 412
[126] Ebenda, S. 410
[127] Oechsler, Walter A.: Personal und Arbeit..., a.a.O., S. 519 *und* Beck-Texte: Arbeitsgesetze. BBiG *und* Lipperheide, Peter J.: Arbeitsrecht. a.a.O., S. 82 *und* Söllner, Alfred; Waltermann, Raimund: Arbeitsrecht. 14., neu bearbeitete Aufl., München 2007, S. 440
[128] Harlander, Norbert; Heidack, Clemens; u.a.: Personalwirtschaft, a.a.O., S. 414 f.

Rückgangs angebotener Ausbildungsstellen. Es soll den Betrieben erleichtert werden, zusätzliche Ausbildungsplätze zu schaffen.[129]
Das duale Ausbildungssystem hat Vor- und Nachteile. Positiv zu werten ist vor allem, dass die Berufsschule die allgemeinen Bildungsaufgaben übernimmt, mit denen ein Betriebsausbilder fachlich und zeitlich überfordert wäre. Weiter ist die praktische Ergänzung des theoretischen Schulunterrichts in Form von konkreten Aufgaben im Ausbildungsbetrieb und in Projekten zum Sammeln eigener Erfahrungen sinnvoll. Ziel ist das kontinuierliche Hineinwachsen in die Arbeitswelt des Betriebes. Ein weiterer Vorteil der betrieblichen Ausbildung ist die bessere technische Ausstattung der Betriebe. Ein Nachteil ist, dass die Qualität der Ausbildung, je nach Unternehmensgröße, Branche und Region sehr unterschiedlich sein kann: Die Ausbildung in kleineren Betrieben ist oft unkoordiniert und inhaltlich-fachlich unvollständig. Probleme können auch in Berufsschulen auftreten: Arbeitsmittel und technische Geräte sind veraltet, oft fehlen, je nach Unterrichtsfächern unterschiedlich, Lehrer aus verschiedensten Gründen. Ferner können manche Auszubildende Probleme damit haben, sich mit ihrer Doppelrolle als Schüler und Berufstätige zurecht zu finden.[130] Noch erwähnt sei, dass Auszubildende einem besonderen Kündigungsschutz unterliegen. Ihnen kann nur in der Probezeit problemlos gekündigt werden, fristlos nur aus wichtigem Grund lt. § 22 Abs. 2 BBiG.[131]

Alles in allem ist die duale Berufsausbildung die praktikabelste und vernünftigste Methode, betriebsintern bedarfsgerechten und zukunftsorientierten Nachwuchs für das eigene Unternehmen, gleich welcher Art und Größe, zu gewinnen. Um so bedauerlicher und unverständlicher ist, dass relativ viel zu wenige Unternehmen – bei akutem und künftig steigendem Fachkräftemangel – sich dieses bewährten Mittels der Personalbeschaffung bedienen. Umgekehrt heißt das, sie lassen andere für sich ausbilden oder wälzen eigene

---

[129] o.V.: Regierung will Ausbildung erleichtern.
http://www.aib-verlag.de/newsletter/archiv.asp?ID=23&NLType=0&NLPlace=B
[130] Oechsler, Walter A.: Personal und Arbeit..., a.a.O. S. 519 f.
[131] Söllner, Alfred; Waltermann, Raimund: Arbeitsrecht. a.a.O., S. 441 *und* Lipperheide, Peter J.: Arbeitsrecht. a.a.O., S. 162

Ausbildungskosten auf die Gemeinschaft ab.[132] Nach dem Berufsbildungsbericht 2007 der Bundesregierung ist seit Jahren (2001) erstmals wieder mit mehr als 600.000 neuen Ausbildungsverträgen zu rechnen, vor allem dank guter Konjunktur; dennoch war die Zahl Ende März 2007 noch um 20.000 geringer als im März 2006. 2005 fanden 550.000 Jugendliche eine Ausbildung, 2006 576.000, aber 49.500 Jugendliche blieben 2006 ohne Ausbildung; sie addieren sich zu 370.000 immer noch ausbildungslosen Jugendlichen aus früheren Jahren. 500.000 Betriebe bilden nicht aus, obwohl sie dazu in der Lage wären, darüber hinaus gelten 1 Mio. Firmen als nicht ausbildungsfähig. Mit Fantasie und dazugehörigem Willen könnten durch bessere Zusammenarbeit und Vernetzung von Berufsschulen, Betrieben, Arbeitgebervereinigungen und Arbeitsagentur zusätzliche Ausbildungsberufe geschaffen werden, immer im Hinblick auf die zukünftige Konkurrenzfähigkeit der Unternehmen durch genügend Personal. Bezeichnend für diese Situation ist, dass ausgerechnet Dax-Unternehmen immer weniger ausbilden:[133] Ihre Ausbildungsquote liegt mit 5,1 % weit unter dem Durchschnitt aller deutschen Ausbildungsfirmen von 6,5 %, trotz guter Konjunktur und zunehmendem Fachkräftemangel.

4.1.2 Fortbildung der Mitarbeiter

Sind die berufsvorbereitenden Bildungsmaßnahmen abgeschlossen, erfolgt der eigentliche Berufseinstieg. Damit ist die Qualifizierung des Arbeitnehmers aber noch nicht abgeschlossen, denn hier setzt die berufsbegleitende Bildung an. In der politischen Diskussion besteht seit Jahren eine breite Übereinstimmung: "Schulische Bildung, berufliche Ausbildung und über die gesamte Erwerbsbiografie gestreckte Weiterbildungen, sind Schlüsselfaktoren für die (künftige) ökonomische und soziale Entwicklung unserer Gesellschaft. Die Innovationsfähigkeit eines rohstoffarmen Industrielandes wie der Bundesrepublik hängt entscheidend vom Wissen, von den Fähigkeiten und Kenntnissen seiner Arbeitnehmer ab. Hierfür sind aber kon-

---

[132] Berufsbildungsbericht 2007 der Bundesregierung, verabschiedet am 18.04.2007.
[133] Krüger, Paul Anton; Bovensiepen, Nina: Dax-Konzerne bilden immer weniger aus. In: SZ, Nr. 91, vom 20.04.2007, S. 21

tinuierliche Investitionen in Bildung zentrale Voraussetzung."[134] Dazu zählen alle Arten der Fort- und Weiterbildung, wie die Anpassungs- und Aufstiegsfortbildung sowie die Ergänzungsqualifizierung.[135] Bei der Fortbildung handelt es sich um die Fortsetzung und Vertiefung der fachlich-beruflichen Ausbildung im Rahmen der praktischen Berufstätigkeit, in Form von Anpassungs- und Aufstiegsfortbildung. Sie dient dazu, die durch Ausbildung oder berufliche Tätigkeiten erlangten Fertigkeiten und Kenntnisse zu erhalten, zu erweitern und den neuen technischen Anforderungen anzupassen. Entsprechend ihrer Zielsetzung lassen sich die Erhaltungsfortbildung, die Erweiterungsfortbildung, die Anpassungsfortbildung und die Aufstiegsfortbildung unterscheiden: Erhaltungsfortbildung soll Kenntnis- und Fertigungsverluste ausgleichen, Erweiterungsfortbildung soll den Erwerb zusätzlicher Kenntnisse und Fertigungen fördern. Die Anpassungsfortbildung dient der Angleichung der Kenntnisse und Fähigkeiten an veränderte Anforderungen des Arbeitsplatzes, ohne dass eine Höherqualifizierung erfolgt.[136] Die Aufstiegsfortbildung qualifiziert den Mitarbeiter für die Übernahme höherwertiger Tätigkeiten, bis hin zum Aufstieg in der innerbetrieblichen Hierarchie.[137]

Durch die Fort- und Weiterbildung versucht das Unternehmen, die Qualifikation der Mitarbeiter fachlich oder persönlich zu verbessern, damit sie sich den veränderten Anforderungen anpassen, aufsteigen und persönlichen Karriereplänen nachgehen können. So werden sowohl individuelle, betriebliche und gesamtgesellschaftliche Ziele verfolgt. Die Voraussetzung ist die Existenz von Entwicklungspotential, aber auch eine gewisse Belastbarkeit der Mitarbeiter. Dazu gehört, dass der Mitarbeiter bereit ist zu lernen. Diese Bereitschaft kann durch aktive Mitbestimmung der Mitarbeiter bzgl. der Weiterbildungsziele und -inhalte unterstützt werden.[138]

---

[134] Adamy, Wilhelm, Kolf, Ingo, Deutscher Gewerkschaftsbund: Qualifizierung als Schlüsselfrage von wirtschaftlicher Entwicklung und Beschäftigung. In: Gute Arbeit. 5/2006, http://www.dgb.de/themen/demografischer_wandel/dokumente/weiterbildung.pdf
[135] Oechsler, Walter A.: Personal und Arbeit..., a.a.O., S. 520
[136] Olfert, Klaus: Personalwirtschaft. a.a.O., S. 385
[137] Ebenda, S. 385 *und* Oechsler, Walter A.: Personal und Arbeit..., a.a.O., S. 520
[138] Oechsler, Walter A.: Personal und Arbeit..., a.a.O., S. 521

Rechtlich ist die Fortbildung im Betriebsverfassungsgesetz festgelegt. Gem. § 96 Abs. 1 BetrVG kann der BR Vorschläge für die Förderung der Berufsbildung der Arbeitnehmer machen. Hierbei sollten alle Arbeitnehmer, auch oder gerade besonders die älteren Mitarbeiter, die Möglichkeit haben, an Fortbildungen teilzunehmen (§ 96 Abs. 2 BetrVG). Gem. § 98 Abs. 3 BetrVG kann der BR auch Vorschläge für die Teilnahme von Arbeitnehmern an den Maßnahmen der beruflichen Weiterbildung machen, wenn der Arbeitgeber betriebliche Maßnahmen durchführt, er die Arbeitnehmer für außerbetriebliche Maßnahmen freistellt oder die anfallenden Kosten der Teilnahme teilweise oder ganz übernimmt. Der Arbeitgeber hat auf Verlangen des BR den Berufsbildungsbedarf zu ermitteln und mit ihm Fragen der Berufsbildung der Arbeitnehmer zu beraten. Allerdings unterliegt die Einführung von Bildungsmaßnahmen dem Direktionsrecht des Arbeitgebers. Wenn der Arbeitgeber Maßnahmen plant, die zur Folge haben, dass die sich Tätigkeit einiger Mitarbeiter ändert, weil z.B. ihre beruflichen Fähigkeiten und Kenntnisse nicht mehr ausreichen sollten, hat der BR bei der Einführung von Maßnahmen der betrieblichen Berufs- und Weiterbildung ein Mitbestimmungsrecht (gem. § 97 Abs. 2 BetrVG), desgleichen bei der Durchführung dieser Maßnahmen, lt. § 98 Abs. 1 BetrVG.[139]

Mit Hilfe von Fortbildungsmaßnahmen kann das Unternehmen die Motivation seiner Mitarbeiter im Betrieb steigern und neu anfallende Arbeiten, auch ohne Personalaufstockung, der bestehenden Belegschaft übertragen. Gerade Mitarbeiter, die aus dem Erziehungsurlaub zurückkehren, können durch Erhaltungsfortbildung wieder optimal auch in geänderte betriebliche Geschehnisse eingegliedert werden. Ebenso können ältere Mitarbeiter neue Ziele mit Engagement anvisieren.

Man unterscheidet zwischen interner und externer Fortbildung. Bei der internen Fortbildung wird die jeweilige Maßnahme im Unternehmen selbst geplant, entwickelt und umgesetzt. Dies kann außerhalb des Betriebs oder in eigenen Räumen, durch externe oder interne Trainer erfolgen. Die Vorteile einer internen Fortbildung sind, dass sich die Fortbildungsinhalte unmittelbar an den betrieblichen Belangen orientieren können und ein Wissenstransfer erleichtert

---

[139] Oechsler, Walter A.: Personal und Arbeit..., a.a.O., S. 532

wird. Kostenvorteile liegen auf der Hand.[140] Bei externer Fortbildung werden die Maßnahmen von einem eigenständigen Bildungsträger oder Trainer geplant, entwickelt und umgesetzt. Auch die externe Fortbildung kann räumlich sowohl innerhalb wie auch außerhalb des Betriebs erfolgen.[141]

Die demografische Entwicklung mit einem bereits heute in Ansätzen erkennbaren Fachkräftemangel unterstreicht die Notwendigkeit zu mehr Anstrengungen auch in der Weiterbildungsförderung. Jedoch steht der breite politische Konsens auf theoretischer Ebene im Gegensatz zum realen Weiterbildungsgeschehen. Aufgrund der Einschränkungen von Frühverrentungsmöglichkeiten einerseits und des Ausbaus der Weiterbildungsförderung für beschäftigte Arbeitnehmer über die BA andererseits, wäre zu erwarten, dass die Teilnahmequote an betrieblichen Weiterbildungsmaßnahmen über alle Altersgruppen hinweg steigt, doch seit dem Jahr 2000 sind die Teilnehmerzahlen kontinuierlich gesunken. Die Arbeitsagenturen können seit 2002 50 - 100 % der weiterbildungsbedingten Ausfallzeiten übernehmen, wenn angelernte Beschäftigte einen Berufsabschluss nachholen. Bei Kleinbetrieben mit bis zu 100 Beschäftigten können Weiterbildungskosten für Qualifizierungsmaßnahmen Älterer ab 50 Jahren übernommen werden. Allerdings sind diese Instrumente wenig bekannt und werden kaum genutzt, mangels unzureichender Aufklärung durch IHK und Arbeitsagenturen.[142] Die Weiterbildungsmaßnahmen laufen weitgehend an den Arbeitnehmern vorbei, die sie am dringendsten benötigen und die das höchste Arbeitsplatzrisiko tragen: Ältere und Geringqualifizierte partizipieren weit unterdurchschnittlich. Drei Viertel der über 45-Jährigen ohne beruflichen Abschluss haben noch nie an einer betrieblichen Weiterbildungsmaßnahme teilgenommen. Für qualifizierte Angestellte liegt die Teilnahmequote und -chance mindestens dreimal höher, als für Un- oder Angelernte. Das arbeitgebernahe Institut der Deutschen Wirtschaft beklagt, dass nur 2,4 % der über 50-Jährigen an Weiterbildungsmaßnahmen teilnehmen, das ist ein Drittel der normalen Quote quer durch alle Altersstufen. Betriebliche Weiterbildung in

---

[140] Olfert, Klaus: Personalwirtschaft. a.a.O., S. 392
[141] Ebenda, S. 393
[142] Adamy, Wilhelm, Kolf, Ingo, Deutscher Gewerkschaftsbund: Qualifizierung als Schlüsselfrage..., a.a.O.

der Bundesrepublik ist leider in der Praxis vorrangig eine Angelegenheit für jüngere Männer und a priori höher Qualifizierte, s. Abb. 14.

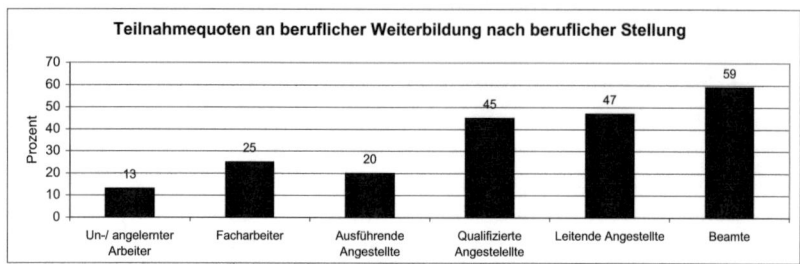

Abb. 14 Teilnahmequoten an beruflicher Weiterbildung nach beruflicher Stellung[143]

Die im Vergleich zu anderen EU-Ländern in der Bundesrepublik niedrige Weiterbildungsbeteiligung von Älteren wie Arbeitskräften im erwerbsfähigen Alter insgesamt, kann daher nicht verwundern. In Finnland, Schweden, Dänemark und Großbritannien werden die Weiterbildungsanstrengungen von älteren Arbeitnehmern weit mehr in Anspruch genommen, besser belohnt und gefördert, als in Deutschland (s. Abb. 15).[144]

---

[143] Entnommen aus: Morschhäuser, Martina: Personal- und Qualifizierungspolitik für die künftige Altersstruktur. http://www.boeckler.de/pdf/ v_2007_03_02_morschhaeuser.pdf, Berlin, 02.03.2007
[144] Adamy, Wilhelm, Kolf, Ingo, Deutscher Gewerkschaftsbund: Qualifizierung als Schlüsselfrage..., a.a.O.

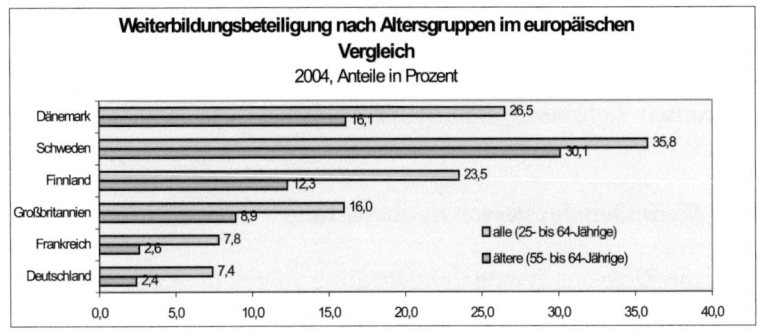

Abb. 15 Weiterbildungsbeteiligung nach Altersgruppen im europäischen Vergleich[145]

4.1.3 Umschulung

Die Umschulung (berufsbildverändernde Fortbildung) umfasst Maßnahmen zur Verbesserung der Qualifikation, wenn der ursprüngliche Beruf aufgrund technischer oder ökonomischer Veränderungen nicht mehr benötigt wird oder aus persönlichen Gründen (Krankheit) nicht mehr ausgeübt werden kann. Die Umschulung zielt auf den Erwerb eines neuen Berufs ab (§ 1 Abs. 5 BBiG)[146]. Gesetzliche Grundlagen bilden das Berufsbildungsgesetz (§§ 58 ff. BBiG), das Sozialgesetzbuch und die Handwerkerordnung.[147] Aufgrund des technischen Wandels und der demographisch bedingt immer älter werdenden Erwerbspersonen nimmt die Umschulung eine immer bedeutendere Stellung in der Berufsbildung ein.[148] Die Umschulung kann als betriebliche Umschulung durchgeführt werden, bei der die Mitarbeiter für einen bestimmten betrieblichen Bedarf oder zur Abwendung von Entlassungen geschult werden oder überbetrieblich erfolgen, in privaten, gewerkschaftlich orientierten oder der öffentlichen Hand verbundenen Bil-

---

[145] Entnommen aus: Adamy, Wilhelm, Kolf, Ingo, Deutscher Gewerkschaftsbund: Qualifizierung als Schlüsselfrage..., a.a.O.
[146] Oechsler, Walter A.: Personal und Arbeit..., a.a.O., S. 522
[147] Olfert, Klaus: Personalwirtschaft, a.a.O., S. 395
[148] Ebenda S. 395 *und* Oechsler, Walter A.: Personal und Arbeit..., a.a.O., S. 522 *und* Hentze, Joachim: Personalwirtschaftslehre. Grundlagen, Personalbedarfsermittlung, -beschaffung, -entwicklung und -einsatz. 7. Aufl., Bern, Stuttgart, u.a. 2001, S. 368

dungszentren sowie in beruflichen Rehabilitationszentren. Die Umschulung kann wenige Monate dauern oder auch eine verkürzte Ausbildungszeit umfassen, dabei kann sie üblicherweise in einem anerkannten Lehrberuf mit damit verbundenem Berufsabschluss enden.[149]

4.2 Methoden der Personalentwicklung

Stehen die Ziele der Personalentwicklungsmaßnahme fest, gilt es die geeigneteste Methode zu ihrer Erreichung zu finden. Dabei unterscheidet man zwischen Bildung am Arbeitsplatz („training-on-the-job"), Bildung außerhalb des Arbeitsplatzes („training-off-the-job") und Bildung neben dem Arbeitsplatz („training-near-the-job"), die im Folgenden erörtert werden.[150] Viele dieser erörterten Methoden sind zwar in Theorie und Praxis, vor allem bei Großunternehmen, bekannt, angesichts des künftigen Arbeitskräftemangels werden sie aber von der Mehrzahl aller Unternehmen eingesetzt werden müssen.

4.2.1 Training-on-the-job

Bei der Bildung am Arbeitsplatz werden die Beschäftigten direkt am Arbeitsplatz in neue Arbeitstechniken, -inhalte und -methoden bzw. neue Organisationsabläufe eingewiesen („learning-by-doing). Der Arbeitsplatz ist hier also der Lernort. Dies kann durch planmäßige Unterweisung geschehen, Anleitung durch Vorgesetzte, eine Übertragung von in Zeit und Bereich begrenzten Verantwortlichkeiten oder Sonderaufgaben oder einen geplanten Arbeitsplatzwechsel (wie z.B. job-rotation oder Trainee-Programme).[151] Training-on-the-

---

[149] Olfert, Klaus: Personalwirtschaft. a.a.O., S. 395 ff.
[150] Stelzer-Rothe, Thomas; Hohmeier, Frank: Personalwirtschaft, a.a.O., S. 160 *und* Olfert, Klaus: Personalwirtschaft, a.a.O., S. 395 *und* Bühner, Rolf: Personalmanagement. a.a.O., S. 111 ff.
[151] Olfert, Klaus: Personalwirtschaft. a.a.O., S. 399 *und* Stelzer-Rothe, Thomas; Hohmeier, Frank: Personalwirtschaft. a.a.O., S. 160 f. *und* Rump, Jutta: Personalentwicklung bei älter werdenden Belegschaften. http://www.mwvlw.rlp.de/internet/nav/fe7/broker?uTem=aaaaaaaa-aaaa-aaaa-bbbb-000000000009&class=net.icteam.cms.utils.search.FTSearch Manager%3Bcurrentsize%3D1%3Bpagesize%3D15%3BuBasVariant%3D

job hat den Vorteil, dass die Individualität des Lernens berücksichtigt und das Lerntempo innerhalb gegebener Grenzen selbst bestimmt werden kann. Lernen am Arbeitsplatz fördert nicht nur die fachlichen Kompetenzen, sondern auch die Fähigkeit, mit Veränderungen erfolgreich umzugehen; gerade diese Erfahrungen können Zufriedenheit erzeugen und bei älteren Mitarbeitern die Angst vor Änderungen reduzieren.[152]

4.2.1.1 Trainee-Programme

Die Trainee-Programme sind eine Form der berufsvorbereitenden Bildung für Hochschulabsolventen zu deren betrieblicher Einarbeitung. Bei diesen Programmen werden die „Trainees" in einem Zeitraum von ein bis zwei Jahren in systematisch kombinierten, wechselnden Funktionen eingesetzt und durchlaufen verschiedene Abteilungen des Unternehmens. Dadurch erhalten sie einen Einblick in die betrieblichen Abläufe, bekommen einen Unternehmensüberblick und können Kontakte knüpfen. Dank ihrer Mitarbeit an unterschiedlichen Arbeitsplätzen und zusätzlicher Weiterbildungsmaßnahmen lernen die Trainees ihre Neigungen und praktischen Fähigkeiten besser kennen und können sich so auf die spätere Übernahme einer qualifizierten Funktion vorbereiten.

Für das Trainee-Programm wird, wie bei der Berufsausbildung, i.d.R. ein befristeter Vertrag mit dem Unternehmen abgeschlossen.[153]

4.2.1.2 Job-rotation

Bei dieser Form des trainings-on-the-job nimmt der Mitarbeiter nach einem definierten Durchlaufplan wechselnde Arbeitsaufgaben in seinem Funktionsbereich wahr (§ 13 Abs. 1 S. 1 TzBfG).[154] Erreicht

---

11111111-1111-1111-1111-111111111111%3BuBasVariantCon%3D11111111-1111-1111-1111-111111111111%3Bumen%3Dc0f7091e-1464-7401-a3b2-1710eb1ae435&class_cms1=con_all&class_text=Personalentwicklung+bei+%E4lter+werdenden+Belegschaften, S. 6 f.

[152] Ebenda, S. 6 ff.
[153] Oechsler, Walter A.: Personal und Arbeit..., a.a.O., S. 520
[154] Bühner, Rolf: Personalmanagement. a.a.O., S. 115 *und* Söllner, Alfred; Waltermann, Raimund: Arbeitsrecht. a.a.O., S. 446

werden soll, dass der Mitarbeiter einen verbesserten Einblick in das Unternehmensgeschehen erhält, einseitige Belastungen abgebaut werden, die Arbeitszufriedenheit steigt und neue Herausforderungen an den Mitarbeiter gestellt werden können. Manche Unternehmen zögern, trotz dieser Vorteile der Job-rotation: Planungs- und Einübungsaufwand sind hoch, es kann zu Integrationsproblemen und eventuell ablehnender Haltung von Vorgesetzten kommen, außerdem ist zur Realisierung eine Mindestanzahl von Teilnehmern nötig.[155] Diese Bildungsmethode ist generell auf alle Zielgruppen anwendbar, wird in der Praxis aber hauptsächlich für Führungs- und Nachwuchskräfte eingesetzt.[156] Da es sich bei Versetzungen/Umgruppierungen, die voraussichtlich länger als einen Monat dauern, um eine Personalangelegenheit handelt, bedarf es hier der Zustimmung des BR, gem. § 95 BetrVG.[157]

4.2.2 Training-off-the-job

Bei der Bildung außerhalb des Arbeitsplatzes werden hauptsächlich theoretisches Wissen vermittelt und praktische Verhaltensweisen erlernt. Dabei findet die Bildung außerhalb der eigentlichen Arbeitsaufgabe statt, d.h. das Arbeitsfeld ist vom Lernfeld des Mitarbeiters getrennt, insoweit ergeben sich günstigere äußere Lernbedingungen.[158] Allerdings besteht die Gefahr, dass die Ausbildung sich zu weit von praktischen Problemstellungen entfernt.[159] Diese Form der Bildung kann durch Vorträge, Seminare, programmierte Unterweisungen, Einzel- oder Gruppenarbeit, Rollen- oder Planspiele erfolgen.[160] Ein sinnvolles Instrument kann hier das „e-learning" sein: Insbesondere ältere Mitarbeiter profitieren von der Möglichkeit, selbst ihr Lerntempo zu steuern, da das computergestützte Lernen eine individuelle Bestimmung des Lerntempos und

---

[155] Olfert, Klaus: Personalwirtschaft. a.a.O., S. 182
[156] Jung, Hans: Allgemeine Betriebswirtschaftslehre. 8., Aufl. München 2002, S. 902
[157] Lipperheide, Peter J.: Arbeitsrecht. a.a.O., S. 236
[158] Ebenda, S. 903
[159] Olfert, Klaus: Personalwirtschaft. a.a.O., S. 401
[160] Jung, Hans: Allgemeine Betriebswirtschaftslehre. a.a.O., S. 903 *und* Stelzer-Rothe, Thomas; Hohmeier, Frank: Personalwirtschaft. a.a.O., S. 161 *und* Olfert, Klaus: Personalwirtschaft. a.a.O., S. 401

auch eine beliebige Wiederholung von Lernprozessen erlaubt. Allerdings gibt es hier die Gefahr der Vereinzelung und der sozialen Isolation. Um dem entgegenzuwirken, besteht die Möglichkeit des kooperativen e-learnings, das in Form von Tandems aus je einem jüngeren und älteren Mitarbeiter besteht oder in Form von altershomogenen Lerngruppen erfolgen kann.[161]

4.2.3 Training-near-the-job[162]

In den letzten Jahren haben Mischkonzepte, die weder eindeutig dem Training-on-the-job noch dem Training-off-the-job zugeordnet werden können, an Bedeutung gewonnen. Diese Konzepte fallen unter den Begriff Training-near-the-job. Dazu gehören Qualifizierungsmaßnahmen, die in enger räumlicher, zeitlicher und inhaltlicher Nähe zum Arbeitsplatz stattfinden. Man geht von relativ großem Lernerfolg aus, da im Vergleich zu Training-off-the-job die Quote des Vergessens von vermitteltem Wissen geringer ist, ein Bezug zum Arbeitsplatz zwar besteht, aber im Vergleich zu Training-on-the-job der Arbeitsablauf nicht gestört wird. Darunter fallen Maßnahmen wie Qualitätszirkel, Lernwerkstatt, Werkstattzirkel und Erfahrungsaustauschgruppen, in denen Probleme der Arbeit diskutiert und gelöst werden können. Die Lerngruppen organisieren sich selbst und regeln in Eigeninitiative die gruppeninterne hierarchische Beziehung. Das Ziel ist die Selbstqualifizierung und Arbeitsoptimierung. Von Vorteil ist, dass durch Einbringen unterschiedlichen Know-Hows zur Lösung von Arbeitsproblemen der Wissenszuwachs besonders hoch ist, insbesondere dann, wenn die Gruppen aus verschiedenen Altersklassen bestehen. Allerdings besteht dann die Gefahr von Konkurrenzängsten zwischen den älteren und jüngeren Mitarbeitern, die aber durch bestimmte Maßnahmen wie offene Informationspolitik und Kommunikation abgeschwächt werden können.

---

[161] Rump, Jutta: Personalenwicklung..., a.a.O., S. 7 ff.
[162] Ebenda, S. 9 f.

4.3 Arbeitszeitgestaltung

Die innerbetriebliche Arbeitszeitgestaltung ist ein zentrales Instrument, um bei schwankender Auftragslage die personellen Kapazitäten anzupassen.[163] Wird die Arbeitszeit innerhalb bestimmter Bandbreiten variiert oder differenziert, so spricht man von flexiblen Arbeitszeitsystemen. Die Arbeitszeitgestaltung wird durch das Arbeitszeitgesetz geregelt.[164] Gem. §§ 7 und 12 ArbZG können die gesetzlichen Regelungen in Tarifverträgen und Betriebsvereinbarungen abweichende Regelungen haben.[165] Laut Gesetzgebung (§ 2 ArbZG) ist als Arbeitszeit die Zeit vom Beginn bis zum Ende der Arbeit ohne Ruhepausen zu verstehen. Dabei darf die werktägliche Arbeitszeit gem. § 3 S. 1 ArbZG acht Stunden nicht überschritten werden. Sie kann bis auf 10 Stunden erhöht werden, wenn innerhalb von sechs Monaten oder 24 Wochen im Durchschnitt 8 Stunden werktäglich nicht überschritten werden (§ 3 S. 2 ArbZG).[166] Ebenso müssen lt. § 5 ArbZG Ruhezeiten zwischen zwei Arbeitsperioden von mind. 11 Stunden eingehalten werden. Davon abweichende Regelungen sind in §§ 7 und 15 ArbZG geregelt.[167]

Es gibt viele Arbeitszeitmodelle, bei denen man je nach Bedarf unterscheiden muss, welches Modell aus wirtschaftlicher Sicht den optimalen Flexibilisierungsgrad sicherstellt, abhängig vom jeweiligen Produktionsverfahren, von Marktnachfrage und Personalstruktur.[168] Die Festlegung der Arbeitszeiten liegt an der Schnittstelle zwischen arbeitsplatzbezogener und organisatorischer Arbeitsgestaltung. Die Gestaltung der Arbeitszeit gewinnt zunehmend an Bedeutung und so stehen flexible Formen der Voll- und Teilzeitarbeit im Mittel-

---

[163] Bundesvereinigung der Deutschen Arbeitgeberverbände: Betriebliche Arbeitszeitgestaltung. http://www.bda-online.de/www/bdaonline.nsf/id/C513E37FFDFDD96FC1256DE8005F941C
[164] Oechsler, Walter A.: Personal und Arbeit..., a.a.O., S. 260
[165] Olfert, Klaus: Personalwirtschaft. a.a.O., S. 206
[166] Beck-Texte: Arbeitsgesetzte. ArbZG *und* Olfert, Klaus: Personalwirtschaft. a.a.O., S. 206
[167] Ebenda, S. 260 ff.
[168] Bühner, Rolf: Personalmanagement. a.a.O., S. 189

punkt des betrieblichen Arbeitszeitmanagements.[169] Gegenstand des Arbeitszeitmanagements ist die Gestaltung eines Arbeitszeitsystems, das den Ansprüchen des Unternehmens nach bedarfsgerechtem Einsatz von Personal und Betriebsvermögens und den Möglichkeiten und Bedürfnissen der Beschäftigten etwa gleichermaßen gerecht wird.[170]

Besonders wichtig ist die Berücksichtigung des BR. Da die Arbeitszeitgestaltung zum Bereich des Sozialen im Betrieb gehört, hat der BR nach § 87 Abs. 1 Nr. 2, 3, 4 BetrVG ein Mitbestimmungsrecht. Sie ist nach § 87 BetrVG die stärkste Form der Beteiligung des BR.[171] Allerdings gibt es keine Regelung für den Fall, dass der BR nicht ordnungsgemäß beteiligt wurde. „Die Rechtsprechung und die herrschende Lehre gehen zu § 87 Abs. 1 BetrVG im Grundsatz davon aus, dass belastende Maßnahmen des Arbeitgebers ohne die erforderliche Zustimmung des BR unwirksam sind" (Theorie der notwendigen Mitbestimmung).[172]

Ziel der Arbeitszeitgestaltung aus Sicht des Unternehmens ist, Ausfalltage und Leerzeiten zu verringern, eine größere Flexibilität in der Betriebs- und Arbeitszeitplanung zu gewährleisten, Arbeitsproduktivität zu erhöhen und Produktqualität sowie die Arbeitsplatzattraktivität zu verbessern.[173] Eine gute Arbeitszeitgestaltung führt beim Arbeitnehmer zu einer Reduzierung der arbeitsgebundenen Leerzeiten (z.B. Wegezeiten), sie fördert Eigeninitiative und Selbständigkeit und führt schließlich zu einer Zunahme der Arbeitszufriedenheit.[174]

4.3.1 Starre Arbeitszeiten

Man unterscheidet zwischen starrer Arbeitszeit und mehr oder weniger ausgebildeter Flexibilisierung/Individualisierung der Arbeitszeit.

---

[169] Oechsler, Walter A.: Personal und Arbeit..., a.a.O., S. 259 *und* Bühner, Rolf: Personalmanagement. a.a.O., S. 185
[170] Bühner, Rolf: Personalmanagement. a.a.O., S. 186
[171] Söllner, Alfred; Waltermann, Raimund: Arbeitsrecht. a.a.O., S. 236
[172] Ebenda, S. 248
[173] Bühner, Rolf: Personalmanagement. a.a.O., S. 186
[174] Ebenda, S. 187

Wird die Arbeitszeit nicht variiert oder differenziert, so liegt ein starres Arbeitszeitsystem vor, das im wesentlichen folgenden Prinzipien folgt:[175]

- Uniformität: die Arbeitszeitordnungen sind einheitlich und gleichförmig,
- Gleichzeitigkeit: Alle Arbeitnehmer beginnen und beenden zu gleichen festgelegten Zeiten ihre Arbeit und Pausen,
- Pünktlichkeit: Beginn und Ende der Arbeitszeit sind vorab genau festgelegt,
- Fremdsteuerung: Der einzelne Arbeitnehmer hat keinen Einfluss auf die vorgegebene Zeitordnung,
- Tabuisierung: Die Verbreitung alternativer Arbeitszeitregelungen soll unterbunden werden.

Unflexibilität also gegen Flexibilität: Das Präfix „Un-" resümiert und kennzeichnet den Sachverhalt.

4.3.2 Flexibilisierung und Individualisierung der Arbeitszeit

Flexible Arbeitszeiten ermöglichen eine bessere Auslastung der Betriebsmittel und verbessern die Wettbewerbsfähigkeit des Unternehmens. Gleichzeitig kann durch flexible Arbeitszeiten eine bessere Vereinbarkeit von Familie und Arbeit erzielt werden.[176] Arbeitszeitflexibilisierung i.e.S. liegt dann vor, wenn die Arbeitszeit nicht starr und für alle Mitarbeiter einheitlich festgelegt ist, sondern je Arbeitszeitmodell ein variabler innerbetrieblicher Dispositionsspielraum innerhalb vorgegebener Gestaltungszwänge und -möglichkeiten eingeräumt wird bzgl. der zeitlichen Lage und Dauer der jeweiligen Arbeitszeit. Ein Beispiel für die Einschränkung innerbetrieblicher Dispositionsmöglichkeiten sind wieder gesetzlich und tariflich geregelte Rahmenbedingungen.[177]

---

[175] Bühner, Rolf: Personalmanagement. a.a.O., S. 188
[176] Vgl. Bundesvereinigung der Deutschen Arbeitgeberverbände: Betriebe und Mitarbeiter wollen flexible Arbeitszeiten.
http://www.bda-online.de/www/bdaonline.nsf/id/ABA95319597 F804FC 1256 DE70069F469
[177] Oechsler, Walter A.: Personal und Arbeit..., a.a.O., S. 260

Man unterscheidet in der Praxis bei der flexiblen Arbeitszeitgestaltung zwischen den dynamischen Arbeitszeiten (chronometrische Flexibilität), den gleitenden Arbeitszeiten (chronologische Flexibilität) und der variablen Einrichtung der Arbeitszeit. Bei der Flexibilisierung der Arbeitszeitmodelle sind wieder gesetzliche und tarifliche Regelungen und Beteiligungsrechte des BR zu beachten.[178]

Ein inzwischen weit verbreitetes und mit Erfolg eingesetztes Modell bei der Arbeitszeitgestaltung sind die Arbeitszeitkonten. Damit können, bei gut ausgewählten Ausgleichszeiträumen in auftragsschwachen Zeiträumen, Entlassungen vermieden werden, bei besserer Auftragslage stehen dem Unternehmen trotzdem die erfahrenen Mitarbeiter uneingeschränkt zur Verfügung.[179] Arbeitszeitkonten sind ein Instrument der Arbeitszeiterfassung für die Gewährleistung flexibler Arbeitszeiten. Sie dienen dazu, Abweichungen der tatsächlichen Arbeitszeit von der vertraglich vereinbarten innerhalb eines bestimmten Zeitrahmens festzuhalten.[180] Dieses Modell ist ein Modell für lebenslanges Arbeiten in ein und demselben Unternehmen, denn der Übertrag auf einen anderen Arbeitgeber ist schwierig. In der Regel wird bei einem Wechsel ausbezahlt und erst dann werden Lohnsteuer und Sozialversicherungsbeiträge fällig. Nach einer Umfrage der DIHK verdreifachte sich zwischen 2000 und 2004 der Anteil der Unternehmen, die Langzeitarbeitskonten anbieten.[181]

In der Praxis wird es wenig problematisch sein, neue Modelle von flexiblen Arbeitszeitregelungen zu erfinden: Alle Variationen sind bekannt und mehr oder weniger erprobt und angewendet. Die Kunst für ein im Interesse des Unternehmens effektiv arbeitendes Personalmanagement besteht darin, gesetzliche und tarifliche Rahmenbedingungen und Vorgaben auszuloten, zu interpretieren und zu nutzen, wenn möglich auch im Sinne der Konkurrenzfähigkeit

---

[178] Ebenda, S. 260
[179] Bundesvereinigung der Deutschen Arbeitgeberverbände: Betriebliche Arbeitszeitgestaltung. http://www.bda-online.de/www/bdaonline.nsf/id/C513E37FFDFDD96FC1256DE8005F941C
[180] o.V.: Arbeitszeitkonten. http://zeit-wird-geld.de/index2.php?artikel=45&searchquery=arbeitszeit konten&PHPSESSID=
[181] Wittenhagen, Julia: Arbeitszeitkonten. Sparen für das Dolce vita. http://berufundchance.fazjob.net/s/RubC43EEA6BF57E4A09925C1D80278 5495A/Doc~EAEBA8BF7928148C19B3B2C7CB7C3FAB1~ATpl~Ecommon~Scontent.html

des Unternehmens zu verbessern, ohne dabei in einem gerechten Interessensausgleich Motivation und Möglichkeiten der Mitarbeiter außer Acht zu lassen.

4.3.2.1 Wöchentliche Arbeitszeit

Die wöchentliche Arbeitszeit (40-Stunden-Woche) ist kein Thema staatlicher Regelung. Durch Flächentarifverträge und innerbetriebliche Vereinbarungen hat sich die durchschnittliche Wochenarbeitszeit schon bis 2004 mehr oder weniger explizit auf 42,5 Stunden erhöht, mit und ohne Lohnausgleich oder Überstundenentgeltung. Die 35-Stunden-Woche ist ad acta gelegt, die Unternehmen verfügen über genügend Arbeitszeitmodelle, um die täglich und wöchentlich vorhandene Arbeitszeit möglichst intensiv zu nutzen. Nach Ansicht aller Beteiligten und Kommentatoren[182], ist nicht die Wochenarbeitszeit pro Person, die Zahl der Urlaubs- oder Feiertage entscheidend, sondern zeitliche und organisatorische Flexibilität des Personals im Unternehmen.

4.3.2.2 Gestaltungsmöglichkeiten der gleitenden Arbeitszeit

Das Modell der Gleitzeit wird seit 1967 in der Bundesrepublik Deutschland angewandt, es ist die bisher am weitesten verbreitete Form der flexiblen Arbeitszeitgestaltung. Hier ist es den Mitarbeitern in gewissem Umfang selbst überlassen zu bestimmen, wann ihre Arbeitszeit beginnt und wann sie endet (s. Abb. 16).

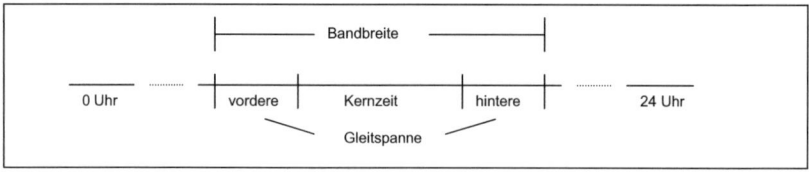

Abb. 16 Grundstruktur einer Gleitzeitregelung[183]

---

[182] So z.B. auch für viele andere: Schmid, Klaus-Peter: Der 40.Stunden-Unsinn. In: Die Zeit, Nr. 47, 11.11.2004
[183] Entnommen aus: Schanz, Günther: Personalwirtschaftslehre. a.a.O., S. 421

Dabei wird die Arbeitszeit in Kernarbeitszeiten (i.d.R. 50 – 90 % der Gesamtarbeitszeit mit Anwesenheitspflicht) und Gleitzeitspannen aufgeteilt, die vor, während oder nach der Kernarbeitszeit liegen können.[184] Zusätzlich kann eine Gleitzeitphase mit der Mittagspause verbunden werden.[185]

Die gleitende Arbeitszeit trägt zu einer erheblichen Flexibilisierung und Individualisierung der Arbeitszeit bei. Sonderformen der Gleitzeit sind Gleitzeit ohne Kernzeit (bei der das Selbstbestimmungsrecht über Lage und Dauer der Arbeitszeit vollkommen auf die Mitarbeiter übertragen wird, was allerdings in der Praxis eher abgelehnt wird) und die kapazitätsorientierte variable Arbeitszeit (Kapovaz). Hier liegt die Bestimmung über Lage und Dauer der Arbeitszeit allein beim Arbeitgeber, der sie aufgrund der jeweiligen innerbetrieblichen betriebsbedingten Arbeitssituation festlegt. Sollten die Mitarbeiter die tarifliche Wochenarbeitszeit über- oder unterschreiten, werden entsprechende Zeitkonten eingerichtet, deren Salden nach betrieblich festgelegten Fristen auf- oder abgebaut werden können.

Die Vorteile der gleitenden Arbeitszeit aus Sicht des Unternehmens liegen in der Reduzierung von Leer- und Fehlzeiten.[186] Noch wichtiger sind die Vorteile für Eltern mit Kindern und die Vereinbarkeit von Familie und Beruf: Auch diese Möglichkeit zur Nutzung brachliegender Reservoirs an Arbeitskraft wird noch lange nicht genügend ausgeschöpft.

4.3.2.3 Ausweitung der Schichtarbeit

Schichtarbeit ist die Aufteilung der Betriebszeit in mehrere Zeitabschnitte, die durch unterschiedliche Lage und Dauer gekennzeichnet sind und von verschiedenen Mitarbeitern nacheinander ausgefüllt werden.[187] Damit der Arbeitsplatz ständig besetzt ist, sollte man bei der Entwicklung der Schichtpläne darauf achten, die kalkulierbaren Fehlzeiten der Mitarbeiter (wie z.B. Pausen und Urlaub) zu berücksichtigen, etwa durch den Einsatz von „Springern", die freie

---

[184] Bühner, Rolf: Personalmanagement. a.a.O., S. 192
[185] Schanz, Günther: Personalwirtschaftslehre. a.a.O., S. 421
[186] Bühner, Rolf: Personalmanagement. a.a.O., S. 193
[187] Bühner, Rolf: Personalmanagement. a.a.O., S. 193

Arbeitsplätze in einem Arbeitsbereich vorübergehend besetzen.[188] Bei Schichtarbeit unterscheidet man zwischen dem Einschichtbetrieb (pro Arbeitstag eine Schicht), dem Mehrschicht-System (die tägliche Betriebszeit wird auf zwei oder mehrer Schichten aufgeteilt, ein Arbeitsplatz wird von mehreren Arbeitnehmern belegt) und dem Wechselschicht-System (Mitarbeiter wechseln in bestimmtem Rhythmus – täglich, wöchentlich, monatlich – den Schichteinsatz, von der Früh- zur Spät- und zur Nachtschicht).[189]

Aus betrieblicher Sicht führen Schichtsysteme zu Unterbrechungskosten in der Produktion bei der Arbeitsplatzübergabe beim Schichtwechsel, die Vorteile überwiegen aber besonders in kapitalintensiven Bereichen, wie z.B. in der Teilefertigung.[190]

Die Gleitzeit ist auch im Dreischichtbetrieb denkbar. Allerdings ist hier zu beachten, dass bei Schichtarbeit von einer erhöhten Abhängigkeit verschiedener Personen untereinander auszugehen ist, weshalb es ganz besonders wichtig ist, dass es zu einer guten Abstimmung zwischen den betroffenen Mitarbeitern kommt, sowohl innerhalb der Arbeitsgruppen, als auch zwischen den jeweiligen Schichten.[191] Der BR hat bei der Einführung, Änderung und dem Abbau von Schichtarbeit ein Mitbestimmungsrecht, ebenso bei der Aufstellung und Änderung von Schichtplänen. Gem. § 80 Abs. 1 BetrVG stehen ihm Überwachungspflichten in Bezug auf die Einhaltung arbeitswissenschaftlicher Erkenntnisse zu und er kann diesbezüglich auch Verbesserungsvorschläge unterbreiten.[192] Grundsätzlich ist festzuhalten, immer im Sinn produktiven Einsatzes von Betriebsvermögen und Arbeitskraft, dass sich bei Einschichtbetrieben die Einrichtung weiterer Schichten in Zeiten großer Nachfrage lohnt; wenn dies nur für überschaubare Zeitspannen gilt, auch unter Einsatz von Leiharbeitern.

---

[188] Ebenda, S. 194
[189] Schanz, Günther: Personalwirtschaftslehre. a.a.O., S. 194
[190] Bühner, Rolf: Personalmanagement. a.a.O., S. 194
[191] Schanz, Günther: Personalwirtschaftslehre. a.a.O., S. 421
[192] Olfert, Klaus: Personalwirtschaft, a.a.O., S. 199

4.3.2.4 Teilzeitarbeit

Teilzeit liegt bei Unterschreitung der betriebsüblichen normalen Arbeitszeit eines Arbeitnehmers vor. Zu den Teilzeitbeschäftigten zählen Arbeitnehmer, deren regelmäßige Wochenarbeitszeit kürzer ist, als die vergleichbarer Arbeitnehmer in Vollzeitbeschäftigung (§ 2 Abs. 1 TzBfG), sei es durch Verkürzung der Tagesarbeitszeit oder dadurch, dass Arbeitnehmer nur an einzelnen Tagen pro Woche oder Monat oder in völlig unregelmäßigem Rhythmus arbeiten.[193] Diese Form ist nicht nur vorteilhaft, um mittel- oder langfristige personelle Überkapazitäten zu bewältigen (Vermeidung von Entlassungen), sondern auch um die Wünsche der Arbeitnehmer zu berücksichtigen, wenn diese sich auf eine kürzere als die volle betriebsübliche Arbeitszeit einrichten, z.B. um Familie und Beruf besser vereinbaren zu können.[194] Das Arbeitsverhältnis ist auch bei einer Teilzeitbeschäftigung auf Dauer angelegt, das bedeutet, dass für Teilzeitbeschäftigte im Grundsatz dieselben arbeitsrechtlichen Vorschriften gelten wie für Vollbeschäftigte, der Arbeitgeber darf gem. § 2 Abs. 1 BeschFG und § 5 TzBfG einen teilzeitbeschäftigten Arbeitnehmer nicht aufgrund einer Teilzeitbeschäftigung anders behandeln als einen vollzeitbeschäftigten Arbeitnehmer, z.B. beim Arbeitsentgelt, Urlaubsanspruch und Arbeitsbedingungen.[195] Das Verbot ist nur dann aufgehoben, wenn die Gründe für eine Ungleichbehandlung nicht in der Teilzeitbeschäftigung liegen, sondern wenn andere persönliche Gründe, wie Arbeitsleistung, Qualifikation, Berufserfahrung, Alter, eventuelle Behinderungen geltend gemacht werden können, ungeachtet des jüngsten Antidiskriminierungsgesetzes.

Teilzeit wird hauptsächlich in Dienstleistungsbereichen, Handel und Verwaltung, aber zunehmend auch in der Produktion angewendet.[196]

---

[193] Beck-Texte: Arbeitsgesetzte. § 2 TzBfG *und* Oechsler, Walter A.: Personal und Arbeit..., a.a.O., S. 254
[194] Schanz, Günther: Personalwirtschaftslehre. a.a.O., S. 357
[195] Oechsler, Walter A.: Personal und Arbeit..., a.a.O., S. 254 *und* Bühner, Rolf: Personalmanagement. a.a.O., S. 190
[196] Bühner, Rolf: Personalmanagement. a.a.O., S. 189

Aus personalwirtschaftlicher Sicht ist das Instrument der Teilzeit sehr positiv zu sehen, obwohl sich der organisatorische Aufwand erhöht (Anlern- und Einarbeitungsprozess). Die Vorteile für den Arbeitgeber sind aber, dass die Flexibilität von Arbeits- und Betriebszeiten und auch die Produktivität durch geringere Fehlzeiten und Fluktuationen erhöht werden; man kann Spitzenzeiten leichter bewältigen, bewährte Mitarbeiter weiterbeschäftigen, auch wenn sie aus privaten Gründen zeitweise oder ständig nicht in Vollzeit arbeiten wollen oder können.[197]

Sonderformen der Teilzeitarbeit sind Job-Sharing und Altersteilzeit:

Aus den USA stammt die Praxis des Job-Sharings, mit seinen Unterformen des Job-Pairing und Job-Splitting. Sie entwickelte sich aus der Änderung und Weiterentwicklung der normalen Ganztagsbeschäftigung. Bei dieser Form des flexiblen Personaleinsatzes wird ein Arbeitsplatz von mehreren geteilt.[198] Unter Job-Sharing wird „die freiwillige und selbstbestimmte Aufteilung einer gewissen Anzahl von Vollarbeitsplätzen auf eine größere Anzahl von Arbeitskräften" verstanden.[199] Dabei kann die Aufteilung eines Vollarbeitsplatzes einerseits nach rein zeitlichen Gesichtspunkten erfolgen: Hier wird die Verteilung der individuellen Arbeitszeiten bzgl. zeitlicher Dauer und Lage vollständig den Job-Sharern überlassen; sie haben nur dafür zu sorgen, dass der Arbeitsplatz zu geltenden bestimmten Arbeitszeiten besetzt ist, sowie andererseits nach funktionalen Gesichtspunkten. Hierbei werden jeweils bestimmte Arbeitsinhalte auf die Job-Sharer verteilt, sodass die Aufgabenprofile komplementär sind, weil jeder Job-Sharer ein Spezialgebiet bearbeit.[200]

Vorteile des Job-Sharings liegen in der Eigenverantwortlichkeit der Mitarbeiter. Für den Betrieb ist wichtig, dass ein Vollzeit-Arbeitsplatz die gesamte betriebsübliche Zeit über besetzt ist und zwar mit zwei Mitarbeitern, über jeweils kürzere Zeit, die vermutlich produktiver sind, als ein Arbeitnehmer in Vollzeit. Mit flexiblen

---

[197] Vgl. Frey, Helmut: Flexible Arbeitszeit. Zeitgemäße Vertragsformen bei wechselndem betrieblichen Personalbedarf. München 1985, S. 83 ff. *und* Oechsler, Walter A.: Personal und Arbeit..., a.a.O., S. 255 *und* Bühner, Rolf: Personalmanagement. a.a.O., S. 190
[198] Oechsler, Walter A.: Personal und Arbeit..., a.a.O., S. 255
[199] Bühner, Rolf: Personalmanagement. a.a.O., S. 191
[200] Ebenda, S. 191

Arbeitsverhältnissen können vorhandene Betriebseinrichtungen kontinuierlich genutzt werden, die wirtschaftliche Effektivität bleibt gesichert und wird wahrscheinlich noch erhöht. Der Informations- und Kommunikationsbedarf sowie Personalaufwendungen nehmen zwar mit erhöhter Mitarbeiterzahl zu, dies wird aber durch erhöhte Motivierung und Eigeninitiative, durch berufliche Zufriedenheit der Job-Sharer aufgehoben.[201]

Die Altersteilzeit ist ein unter demographischen Gesichtspunkten inzwischen wohl überholtes Konzept. Damit sollte der Übergang von Beruf- in Ruhestandszeit vorgezogen und erleichtert werden. Die Altersteilzeit ist im Altersteilzeitgesetz (ATG) geregelt und seit 01.08.1996 in Kraft. An dieser Stelle meiner Arbeit gehe ich nicht noch einmal näher auf dieses, an sich wohl gut gemeinte, Konzept ein, da die Altersteilzeit eigentlich eher eine Form der Personalfreisetzung ist und kein Lösungsbeitrag zur Problematik fehlender Arbeitskräfte.

4.3.2.5 Teleheimarbeit

Unter Teleheimarbeit versteht man räumlich vom Standort des Arbeitgebers getrennte Tätigkeiten, „die mittels programmgesteuerter Mittel ausgeführt und deren Ergebnisse über Datenleitungen transportiert werden",[202] was dank der mittlerweile gut verfügbaren Kommunikations- und Informationstechnik möglich ist. Teleheimarbeit kann als Voll- oder Teilzeitbeschäftigung stattfinden. Sie ist denkbar als normales Arbeitsverhältnis, als Heimarbeit (HAG) oder als selbständige oder freiberufliche Tätigkeit.[203] Gründe für ein Unternehmen, diese Form einzuführen, können eine Dezentralisierung der Informationsverarbeitung, eine Reduzierung des Bedarfs an Büroräumen, Flexibilisierung des Personaleinsatzes und auch die Lohnkosteneinsparung durch Verlagerung von Arbeiten in Regionen oder Länder mit niedrigerem Lohnniveau sein.[204] Allerdings trägt der Arbeitgeber, wenn ein Arbeitsverhältnis vorliegt, lt.

---

[201] Bühner, Rolf: Personalmanagement. a.a.O., S. 191
[202] Oechsler, Walter A.: Personal und Arbeit..., a.a.O., S. 332
[203] Lipperheide, Peter J.: Arbeitsrecht. a.a.O., S. 266
[204] Vgl. Oechsler, Walter A.: Personal und Arbeit..., a.a.O., S. 332 *und* Schanz, Günther: Personalwirtschaftslehre. a.a.O., S. 271

§ 618 BGB für die Sicherheit am Arbeitsplatz die Verantwortung.[205] Im Sinne dieser vorliegenden Arbeit kann die Teleheimarbeit aber auch die mit Pendeln verbundenen Verkehrsprobleme zwischen Wohnung und Arbeitsstätte vermindern und so mehr Zeit für die Wahrnehmung sozialer und erzieherischer Aufgaben in der Familie bei Fortführung der Erwerbsarbeit lassen. Auch hiermit wird Familien die Verbindung zwischen Beruf und Familie erleichtert.

4.4 Familie und Beruf: innerbetrieblich

Um Frauen und Männern gleiche und gerechte Chancen und Wahlmöglichkeiten für Berufskarriere und Kindererziehung bieten zu können, sind familienfreundliche Arbeitsbedingungen heute notwendiger denn je.[206] Um es Mitarbeitern zu erleichtern, Familie mit dem Beruf zu vereinbaren, können Unternehmen selbst aktiv werden, auch ohne Initiative von Außen, z.B. des Gesetzgebers oder der Unternehmer- und Arbeitgeberverbände. Noch 2004 hatten weniger als ein Drittel der vom Institut der Deutschen Wirtschaft befragten Unternehmen familienfreundliche Regelungen im Angebot; 2006 lag dieser Anteil schon unter 5 %. Das Umdenken hat also eingesetzt. Es gibt positive Entwicklungen, wenn auch noch viel zu wenige:[207]

- 67 % der Unternehmen bieten flexible Tages- und Wochenarbeitszeit,
- 32 % bieten Jahres- und Lebenszeitkonten,
- 19 % bieten Telearbeit,
- 14 % bieten Job-Sharing,
- 12 % erlauben ein Sabbatjahr,
- in 3 % der Unternehmen gibt es betriebliche Kinderbetreuung,

---

[205] Lipperheide, Peter J.: Arbeitsrecht. a.a.O., S. 85
[206] Vgl. Hamacher, Eli: Mütter rechnen sich. In: Die Welt, 07.04.2007, S. B 1 *und* Deutscher Gewerkschaftsbund: Vereinbarkeit von Beruf und Familie http://www.dgb.de/themen/gleichstellung/politik/vereinbarkeit/ *und* Faber, Christel; Borchers, Uwe: Familie oder Beruf oder Beruf und Familie? München, Mering 1999
[207] Roßbach, Henrike: Mütter, kommt zurück! In: FAZ, Nr. 53, 03.03.2007, S. C 1

- ca. 15 % bieten Mitarbeitern Weiterbildung währen der Eltern-Auszeit.

Je größer ein Unternehmen ist, umso eher ist es bereit, gute Intentionen in die Tat umzusetzen (mehr als 75 % befragter Unternehmen halten Familienfreundlichkeit für ein wichtiges Thema).[208] Die möglichen Angebote gehen von innerbetrieblichen Krippenbetreuungen für das Kindesalter von 2 – 3 Jahren zu Kindergärten mit ganztägiger Betreuung bzw. Öffnungszeiten, die sich mit üblichen Arbeitszeiten vereinbaren lassen. Beides ist durchaus möglich: Und falls etwa ein Unternehmen finanziell und organisatorisch überfordert ist, können in Zusammenarbeit mit benachbarten anderen Unternehmen, staatlichen, kommunalen Einrichtungen, privaten Unternehmen aus der „Kinderbetreuungsbrache" einvernehmliche Lösungen gefunden werden.[209] Weitere Angebote: Eltern-Kind-Büros, verlängerte Eltern-Erziehungszeiten bis zu 5 Jahren, also über das gesetzliche Minimum hinaus.

Soweit wie möglich können flexibilisierte Arbeitszeiten, Babysitterdienste, Telearbeit, Teilzeitmodelle, Job-Sharing, Arbeitszeitkonten dazu beitragen, die Elternpause möglichst kurz zu halten[210] und den Eltern die Freiheit zu lassen, im Interesse des Kindes im Alter bis zu drei Jahren sich, so lange wie gewünscht und für nötig gehalten, persönlich um dessen Erziehung zu kümmern. Wichtig ist das Schaffen von Wahlfreiheit, dann können im Unternehmen vorhan-

---

[208] Köcher, Renate: Hohe Erwartungen. Die Bevölkerung hält die bessere Vereinbarkeit von Beruf und Familie für überfällig In: FAZ, Nr. 90, 18.04.2007, S. 5

[209] Roßbach, Henrike: Mütter, kommt zurück! a.a.O., S. C 1. Die Anwaltskanzlei Clifford Chance eröffnet im Mai 2007 für 50 von 600 Angestellten einen Betriebskindergarten, betrieben von der Familien-Service GmbH, geöffnet Montag – Freitag von 8 – 20 Uhr für Kinder von 8 Wochen bis 3 Jahren, 1.200 €/Monat betragen die Kosten. Ziemlich genau der Betrag mit dem auch das jeweilige Familienministerium für einen Ganztagskrippenplatz rechnet! Die Düsseldorfer Victoria-Versicherung lässt die Wahl unter bis zu 500 verschiedenen Teilzeitmodellen. Anscheinend kein Luxus bei einem Frauenanteil von 54 %.

[210] Spie, Ulrich: Energie für das Alter. In: Personalwirtschaft. Heft 01/2007, S. 21

dene, auch divergierende Interessen in Einklang gebracht werden.[211] Die der Kinder an erster Stelle: In deren Interesse vor allem liegt das kontinuierliche mögliche Nebeneinander (nach der Mutterschutzphase und der Zeit des Elterngeldbezugs) von externer Betreuung und familiärer Erziehung. Dann die Interessen beider Elternteile: Ihnen wird es ermöglicht, je nach Wunsch ihre Berufskarriere zu unterbrechen; rasche Rückkehr ins Unternehmen (allerdings nach frühestens 2 bzw. 12 / 14 Monaten) erleichtert die Wiederaufnahme einer qualifizierten Arbeit und zwingt nicht zur Übernahme irgendeines „Jobs", Kenntnisverluste werden vermieden. Ungleich größer als anfallende Investitionskosten sind die Gewinne für das Unternehmen: Zufriedene Eltern arbeiten motivierter, produktiver und konzentrierter, die Kosten für Neueinstellung und Einarbeit von Vertretungen werden reduziert, so wie auch Fehl- und Krankheitskosten.[212] Fachkräfte, das wertvolle Humankapital, bleibt dem Unternehmen erhalten. Nicht zu beziffern, aber ebenso wenig zu vernachlässigen, ist der Imagegewinn für ein Unternehmen, das in familienfreundliche Personalpolitik investiert, sein Gewinn an Standortvorteilen – nicht zu vergessen der Gewinn für den Standort Deutschland; inklusive der durch steigende Erwerbsbeteiligung höheren Erträge an Steuern und Sozialabgaben. Selbstverständlich geht dies nicht nur Mütter, sondern auch Väter an, auch wenn diese entsprechende Angebote kaum nutzen.[213] Dafür gibt es soziologische, berufs- und karrierespezifische Gründe und eine tradierte Rollenverteilung, aber das soll im Rahmen meiner Arbeit nicht abgehandelt werden. Betont sei nur, dass hier, ähnlich wie beim Thema „Arbeit im Alter", ein begleitendes Umdenken in der öffentlichen Meinung nötig zu sein scheint. Je positiver diese den demographisch bedingten Notwendigkeiten gegenüber steht, in umso größerem Umfang werden Möglichkeiten, wie Kinderkrippen, Teilzeit von Mitarbeitern, von Betrieben angeboten und von Mitarbeitern

---

[211] Vgl. Gawron, Nadja: Kinder und Beruf: Betrieblich unterstützte Kinderbetreuung als Bestandteil familienfreundlicher Personalpolitik. Saarbrücken, 2006 [laufend benutzt für diese Passage].
[212] Heß, Dorit: Die vergessenen Kinder. In: Die Zeit, Nr. 38, 09.09.2004, http://www.zeit.de/2004/38/Fam_Unternehmen
[213] Rößler, Melanie: Teilzeitarbeit ist ein Tabu. In: Personalmagazin. Heft 01/2007, S. 26

akzeptiert, werden Tabus (keine Krippen!, keine Arbeit für Alte!, keine Auszeit für Väter!) abgebaut.[214]

---

[214] Köcher, Renate: Hohe Erwartungen. A.a.O., S. 5 *und* Kreye, Andrian. Überlebenskampf. In der Familiendebatte schwelen unausgesprochene Fragen. In: SZ, Nr. 93, 23.04.2007, S. 11

5 Notwendigkeit gesamtgesellschaftlicher Veränderungen

Arbeitgeber halten Gesetzesinitiativen zur Förderung familienfreundlicher Einrichtungen und zu anderen Personalmanagementfragen für bürokratisch und kontraproduktiv (sie sind aber dabei nicht immer konsequent).[215] Dennoch bleibt unbestritten, dass der Staat – gleich wie mehr oder weniger stark ausgeprägt man sich sonst seine Rolle im Wirtschaftsleben wünscht – Rahmenbedingungen politischer und finanzieller allgemeiner Art ändern oder schaffen muss.

5.1 Betriebsräte, Gewerkschaften, Arbeitgeberverbände

Der BR hat Mitspracherecht bei der Vereinbarkeit von Familie und Erwerbstätigkeit gem. § 80 Abs. 1 Nr. 2b BetrVG, gem. § 80 Abs. 1 Nr. 6 BetrVG bei der Förderung der Beschäftigung älterer Mitarbeiter im Betrieb, bei Angelegenheiten betreffend Betrieb und Belegschaft sowie bei betrieblichen Aus- und Weiterbildungsmaßnahmen.[216]

Viele Betriebsräte sind Gewerkschaftsmitglieder, mit ihrer Hilfe können Arbeitnehmerverbände in innerbetriebliche Abläufe eingreifen. Gewerkschaften nutzen ihren Einfluss um Löhne, Arbeitszeiten und Arbeitsbedingungen, soweit sie in Flächentarifverträgen allgemein festgelegt sind, im Sinne ihrer Mitglieder zu beeinflussen.[217] Einzelgewerkschaften und der DGB planen, fordern und fördern Maßnahmen in der dualen Berufsausbildung; sie unterstützen die Betriebe durch Schulungen der Betriebsräte und der Personalräte über Rechte, betreffend Weiterbeilungsmaßnahmen der Mitarbeiter (gem. § 37 Abs. 6 BetrVG). Des weiteren wird Informationsmaterial erarbeitet zu Themen wie Mutterschutz, Elternzeit, Teilzeitarbeit

---

[215] Bundesvereinigung der Deutschen Arbeitgeberverbände: Chancengleichheit. http://www.bda-online.de/www/bdaonline.nsf/id/Chancengleichheit
[216] Vgl.: Bräutigam, Gregor: Arbeitsmarktökonomie. a.a.O., S. 79 ff. *und* Beck-Texte: Arbeitsgesetze. BetrVG
[217] Deutscher Gewerkschaftsbund: Einfluss der Gewerkschaften. Haben die Gewerkschaften zu viel Einfluss im Betrieb? http://www.dgb.de/faq/index_html?klappausindex_html=4#cstart4

und Wiedereinstieg[218]. Sie können die Ausbildungsbereitschaft in den Betrieben fördern, ebenso die Qualität von Unterricht an allgemeinbildenden und Berufsschulen, durch Mithilfe bei der Qualifizierung von Lehrern und der innerbetrieblichen Ausbildung. Ebenso können sie mitwirken bei Verbesserung der Berufsberatung, Berufsorientierung der BA.[219] Um Beruf und Familie in Einklang bringen zu können, wurden in einigen Regionen Pilotprojekte ins Leben gerufen, wie z.b. in der Region Chemnitz. Hier wurden die ansässigen Unternehmer befragt, wie bedarfsgerechte Kinderbetreuungszeiten für Beschäftigte gestaltet werden könnten und welche Betreuungsformen möglich seien. Nun werden entsprechende Angebote durch Patenschaften zwischen Unternehmern und Gewerkschaften sowie Trägern von Einrichtungen der Kinderbetreuung erstellt.[220]

Arbeitgeberverbände sind ebenfalls an einer verbesserten Vereinbarkeit von Familie und Beruf und höherer Erwerbsbeteiligung von Frauen interessiert: „Gemeinsam mit der Bundesregierung drängt die BDA darauf, dass der bedarfsgerechte quantitative und qualitative Ausbau der Kinderbetreuung, besonders für Kinder unter drei Jahren, höchste Priorität erhält".[221]

Weiter entwickelte der BDA einen Leitfaden für Unternehmer "Älterer Mitarbeiter im Betrieb", mit Hinweisen für eine vorausschauende, generationenübergreifende Personalpolitik und mit Instrumenten für die Fortbildung, speziell älterer Arbeitnehmer: Den Un-

---

[218] Deutscher Gewerkschaftsbund: Lokale Bedürfnisse für nachhaltige Familienpolitik. Pilotregion Heilbronn-Franken.
http://www.familie.dgb.de/projekt/buendnisse/beispiele/Heilbronn_Franken

[219] Vgl. Deutscher Gewerkschaftsbund: Sehrbrock, Ingrid: Reife ist eine Frage des Förderns und Forderns. Eckpunkte des DGB zur Ausbildungsreife. http://www.dgb.de/themen/themen_a_z/abisz_doks/e/eckpunkte_reife.pdf, Beschluss des DGB-Bundesvorstandes vom 04.04.06 *und* Deutscher Gewerkschaftsbund: Deutschland braucht mehr Weiterbildung.
http://www.dgb.de/themen/bildung/aktuell/news/weiterbildung.htm/

[220] Deutscher Gewerkschaftsbund: Lokale Bündnisse für nachhaltige Familienpolitik. http://www.familie.dgb.de/projekt/

[221] Deutscher Gewerkschaftsbund. Familienpolitik.
http://www.bda-online.de/www/bdaonline.nsf/id/1B70C66D35F445BAC1257 1380033394B

ternehmen wird empfohlen sich je nach Bedarf frühzeitig auf demographische Veränderungen einzustellen und Personalbeschaffung, -entwicklung und -weiterbildung auf ihre Wirksamkeit zu prüfen und ggf. anzupassen. Entsprechende Vereinbarungen im Bündnis für Arbeit, Ausbildung und Wettbewerbsfähigkeit betreffend die Verlängerung der Lebensarbeitszeit, sowie eine Initiative der BA „50 plus – die können es", sind auch auf die Initiative der Arbeitgeber zurückzuführen.[222]

5.2 Familie und Beruf: gesamtgesellschaftlich

Geringe Geburtenrate und kleine Beschäftigungsquote von Frauen mit Kleinkindern sind zu einem Teil (denn beide haben jeweils mehrere Gründe) Facetten des gleichen Problems, nämlich einer noch wenig familiengerechten und -freundlichen Arbeitswelt. Damit Deutschland mit anderen europäischen Ländern hierin konkurrieren kann, müssen einige Rahmenbedingungen deutlich verbessert werden:

- Finanziell/e und steuerliche Rahmenbedingungen,
- Bildungspolitische Rahmenbedingungen,
- Soziale Rahmenbedingungen,

Finanziell steuerlich: Die Familiengründungsphase ist mit hohen finanziellen Belastungen verbunden. Die Ausgaben steigen in einer Lebensphase mit einem relativ niedrigem Einkommen, denn das Arbeitsentgelt steigt erst mit höherer Qualifikation und Berufserfahrung, nicht nach familiärem Bedarf. Hier hat das Familienministerium einiges bewegt: Beschlossen am 29.09.2006 (Bundestag) und 03.11.2006 (Bundesrat), trat am 01.01.2007 das Bundeselterngeld- und Elternzeitgesetz (BEEG) in Kraft.[223] Drei Probleme sollen damit angegangen werden: Geburtenrückgang, Fachkräftemangel und die

---

[222] Bundesvereinigung der Deutschen Arbeitgeberverbände: Ältere Arbeitnehmer. http://www.bda-online.de/www/bdaonline.nsf/id/14143B4731A F43FEC1256DE70069F4A8
[223] Rößler, Melanie: Schöne Bescherung. In: Personalmagazin, Heft 01/2007, S. 16 mit allen Einzelheiten: Bundesgesetzblatt Jahrgang 2006, Teil I, Nr. 56 ausgegeben zu Bonn am 11.12.2006: Gesetz zur Einführung des Elterngeldes. http://www.bgblportal.de/BGBL/bgbl1f/bgbl106s2748.pdf

ungleichen Chancen von Männern und Frauen in der Arbeitswelt.[224] Das Personalmanagement im einzelnen Unternehmen muss allerdings für die individuelle Umsetzung des Gesetzes sorgen. Für alle ab dem 01.01.2007 geborenen Kinder – für davor geborene wird das Erziehungsgeld weiter gewährt – wird ein Elterngeld in Höhe von 67 % des letzten Gehalts, min. in Höhe von 300 €, ohne Anrechnung auf andere Sozialleistungen, bis max. 1.800 € pro Monat für 12 bzw. 14 (bei Beteiligung beider Elternteile) Monate lang gewährt, steuer- und abgabenfrei, aber steuerrechtlich als Lohnersatzleistung.[225] Damit sollen Einkommenseinbußen im ersten Jahr nach der Geburt zum Teil ausgeglichen werden. Das Gesetz erleichtert es vor allem jungen Familien ungemein, 12 bzw. 14 Monate Zeit zu gewinnen für die Kinderbetreuung innerhalb der Familie und in Ruhe das weitere Vorgehen bis zur Einschulung der Kinder, je nach persönlichen Wünschen und Prioritäten, überlegen zu können.[226] Erwähnt sei noch einmal das Ehegattensplitting: Das Bundesfamilienministerium und Politiker aller Parteien erwägen z.Z., wenn nicht die Abschaffung, so doch die Modifizierung des Ehegattensplittings in seiner seit 1958 geltenden Regelung. Im Gespräch ist vor allem seine Erweiterung um eine Kinderkomponente, das Familiensplitting.[227]

---

[224] Vgl. Bundesvereinigung der Deutschen Arbeitgeberverbände: Vereinbarkeit von Beruf und Familie – öffentliche Kinderbetreuung.
http://www.bda-online.de/www/bdaonline.nsf/id/189BB43E9309D73EC1256DE70069F3DB
und o.V., rike: Kind und Karriere: Deutschland kommt voran. Die deutsche Familienpolitik befindet sich laut Bertelsmann-Stiftung im Umbruch. In: FAZ, Nr. 96, 25.04.2007, S. 13
[225] Rößler, Melanie: Schöne Bescherung. In: Personalmagazin, Heft 01/2007, S. 16
[226] Vgl. o.V.: Einführung zum Elterngeld.
http://www.elterngeld.net/elterngeld.html *und* Rößler, Melanie: Schöne Bescherung. a.a.O., S. 16 *und* Bundesministerium für Familie, Senioren, Frauen und Jugend: Bund, Länder und Kommunen einig: Betreuungsplatz für jedes dritte Kind.
http://www.bmfsfj.de/Kategorien/aktuelles,did=95840.html
[227] Vgl. o.V., ddp/dpa/AP: Mehr Kinder, mehr netto. Von der Leyen bekräftigt Pläne zur Entlastung der Familie. In: SZ, Nr. 93, 23.04.2007, S. 5 *und* Der Spiegel: Der Familienkrach, Nr. 9, vom 26.06.2007, S. 71 *und* Kreye, Andrian: Überlebenskampf. A.a.O., S. 11

Bildungspolitische Rahmenbedingungen: Außer Frage steht, dass die Ausbildungsresultate der Grund-, Haupt- und Realschüler grundlegend zu verbessern sind, 400.000 Jugendliche sind ohne Ausbildung, mangels Ausbildungsfähigkeit. Schüler, Lehrer und Elternhäuser (Integrationsfähigkeit!) müssen gleichermaßen motiviert werden. Wichtig für uns ist, dass das Lebensalter der Kinder von 12 Monaten bis zum Beginn des Grundschulunterrichts, also der Kinderkrippen- und Kindergartenzeit, von Betreuungsmöglichkeiten verschiedenster Art begleitet wird. Die Kindergartenbetreuung ist zu professionalisieren: In Frankreich durchlaufen die Erzieherinnen der „Ecole Maternelle" schon seit Jahren eine Hochschulausbildung. Unstrittig ist, dass der obligatorische Besuch des Kindergartens für alle gilt und dementsprechend genügend kostenlose Plätze geschaffen werden müssen.

Die aktuelle politische Diskussion erhitzt sich hingegen vor allem am Thema „Kinderkrippe", zusammen mit der Hilfe durch Mitglieder der Großfamilie, wird sie die wichtigste Einrichtung zur Kleinkinderbetreuung werden. Hier nur die wichtigsten Aspekte: Zum einen geht es um die gewünschte oder benötigte Zahl der Plätze zum Preis von je 1.000 – 1.200 € und deren Finanzierung. Das Familienministerium möchte mit 500.000 neuen Plätzen bis 2013 für jedes dritte Kind unter drei Jahren eine Betreuungsmöglichkeit schaffen.[228] Solange, nach v. der Leyen, auf einen Platz bis zu 120 Bewerber kämen und nur für 8 % der Kleinkinder Plätze bereit stünden, müsse gehandelt werden, die Frage der Finanzierung sei nachrangig und sei, auf welche Weise auch immer, zu lösen. Niemand müsse gezwungen sein, das Angebot der Kinderkrippe anzunehmen oder sich unter Druck gesetzt fühlen, nach der Kindergeburt sofort in den Arbeitsprozess zurück zu kehren. Aber für alle Eltern muss die

---

[228] o.V., mas: Ein Krippenplatz für jedes dritte Kind. In: FAZ, Nr. 79, 03.04.2007, S. 1 *und*
So Ursula von der Leyen zuletzt in der FAZ Sonntagszeitung Germis, Carsten; Hank, Rainer: Kinder sind nicht nur eine Privatangelegenheit. Nr. 16, 22.04.2007, S. 37. Dagegen Spieker, Manfred: Ein Krippenplatz für jedes dritte Kind? In: FAZ, Nr. 87, 14.04.2007, S. 10,. Er errechnet einen Nettobedarf von nur ca. 200.000 bis 230.000 neuen Plätzen, da bei weitem nicht alle Eltern ihre Kinder mit 2 bzw. 12 - 14 Monaten in eine Krippe geben möchten, bei seriösen Alternativen und unter Berücksichtigung der Schätzung der Geburten durch das Statistische Bundesamt.

Wahl zwischen seriösen Alternativen bestehen: Die Kindererziehung von Kindern bis zu drei Jahren selbst in die Hand zu nehmen, etwa wegen bis jetzt oft unzureichender Qualität der Krippenerziehung und der nach Meinung mancher Psychologen schlechten Resultate bei der Fremdbetreuung von Kleinstkindern[229] oder aber sich zu entscheiden, möglichst früh nach der Kindergeburt wieder in den Beruf zurück zu kehren, aus welchen Gründen auch immer.

Selbstverständlich hat die Gesetzgebung in jedem Fall, neben der Schaffung genügender Betreuungsplätze, hinreichend für deren Qualität zu sorgen. Je nach Subjekt-Objekt-Förderung gibt es für die Finanzierung der Krippenplätze drei Möglichkeiten: Den Betrag von 1.200 € direkt in eine Betreuungseinrichtung zu investieren, ihn den Eltern zur Verfügung zu stellen, um damit ihre Kinder in den ersten drei Lebensjahren selber zu erziehen oder endlich den Betrag den Eltern in Form von Gutscheinen zur Verfügung zu stellen: Je nach Wunsch könnten die Eltern die Gutscheine für Tagesmütter, Krippen oder andere Einrichtungen ausgeben. Mit dem Betrag von 1.200 € sollten allerdings die Eltern nicht über das Ehegattensplitting (z.B.) hinaus direkt subventioniert werden.[230] Mit der Einrichtung von Kinderkrippenplätzen sollen vielmehr Beschäftigungshemmnisse beseitigt werden. Wichtig ist, Akademikern und Personen geringer Qualifikation die Rückkehr, sobald gewünscht, an den Arbeitsplatz zu ermöglichen und nicht Mütter mit Geburtsprämien in der Küche zu halten.

---

[229] von Beverfoerde, Hedwig: Wollt ihr die totale Krippengesellschaft? In: Die Welt, 21.04.2007, S. 8. Dazu detailliert mit allen Pro und Kontra: Spiewak, Martin: Gut für die Kleinen? In: Die Zeit, Nr. 16, 12.04.2007, S. 8

[230] Höfinghoff, Tim: Krippengutscheine oder Geld. In: FAZ, Nr. 14, 08.04.2007, S. 44: Danach wurde Ehe und Familie im Jahr 2006 mit 184,4 Mrd. € gefördert: Ehegattensplitting: 73,7 Mrd. €, Kindergeld: 42,1 Mrd. €, Erziehungsgeld: 25,3 Mrd. €, Sozialversicherung: 25,1 Mrd. €, Kinderbetreuung, Jugendhilfe: 18,3 Mrd. €.

5.3 Ausweitung der Jahres- und Lebensarbeitszeit

5.3.1 Reduzierung der Frühverrentung

Seit Festlegung des allgemeinen Rentenalters auf, mit Ausnahmen, 65 Jahre, gibt es Personen und Personengruppen, die aus persönlichen Gründen, wegen schwerer körperlicher, mentaler und nervlicher Beanspruchung nicht bis zum normalen Rentenalter arbeiten konnten. Institutionalisiert wurde die Frühverrentung durch das Altersteilzeitgestz (ATG) vom 23.07.1996.[231] Mit der forcierten Frühverrentung gingen Know-How und Erfahrung einer halben Generation verloren. Das Beispiel der Düsseldorfer Metro Group zeigt, dass die Tendenz auch umgekehrt werden kann: Ab dem Jahr 2004 wurden sämtliche Frühverrentungen abgeschafft und bei 250.000 Mitarbeitern im Jahr 2006 stellte man 1.700 Mitarbeiter „jenseits der 50" ein.[232] Dabei konnte bei der Altersteilzeitregelung das Senioritätsprinzip in der Entlohnung beibehalten werden, womit eine Lohnabsenkung im Alter verhindert wurde.[233] Damit ältere Arbeitnehmer länger im Arbeitsprozess bleiben können, müssen Arbeitgeber und Arbeitnehmer notwendiges Fach- und Betriebswissen, Arbeitsmethoden, neue Arbeitszeitmodelle für Ältere und ihre Weiterbeschäftigung reaktivieren oder neu entwickeln. Dies verlangt von älteren Arbeitnehmern: Lohnanpassung und reduzierte Hierarchieebenen zu akzeptieren, Arbeitsbewältigungsfähigkeit und Produktivität bis

---

[231] „Altersteilzeitgesetz vom 23. Juli 1996 (BGBl. I S. 1078), zuletzt geändert durch Artikel 234 der Verordnung vom 31. Oktober 2006 (BGBl. I S. 2407)". www.juris.de.: Die BA fördert nach diesem Gesetz die Teilzeitarbeit älterer Arbeitnehmer, die ihre Arbeitszeit nach Vollendung des 55. Lebensjahres bis spätestens 31.12.2009 vermindern und damit die Einstellung eines Arbeitslosen ermöglichen. Ein Gesetz also mit eingebautem Verfallsdatum, das seinem Zweck nicht ganz gerecht wurde. Erwerbspersonen zwischen 55 und 65 Jahren zogen sich dank immer weiter gefasster Vorruhestandsregelungen ins Rentenalter zurück, ohne dass es zu Neueinstellungen kam. Also: Personalabbau trotz Kündigungsschutz.
[232] siehe dazu Roßbach, Henrike: Das Ende des Jugendwahns. In: FAZ, Nr. 71, 24.03.2007, S. 11
[233] Vgl. Pfeiffer, Ulrich: Länger arbeiten im Alter..., a.a.O., S. 5 *und* Roßbach, Henrike: Das Ende des Jugendwahns. In: FAZ, Nr. 71, 24.03.2007, S. 11

ins höhere Lebensalter intakt zu halten.[234] Heute noch jungen Erwerbstätigen (30 – 35-Jährige), die dies nicht in ihrer Lebensplanung akzeptieren, bleibt es unbenommen zum Ausgleich der Rentenabschläge eine entsprechende private Altersvorsorge zu organisieren, um weniger lang arbeiten zu müssen. Oder sie sorgen bei Zeiten für den Erhalt ihrer Qualifikation, um länger arbeiten zu können.[235]

Auch Unternehmen müssen sich neu orientieren, es gilt Wege zu finden, um ältere Personen erfolgreich in einen Arbeitsprozess auch jenseits der 65-Jahresgrenze zu integrieren, aus ihrer reifen Erfahrung, Loyalität und Verbundenheit zur Firma Nutzen zu ziehen:

- Stärkere Rücksichtnahme auf körperliche Defizite älterer Mitarbeiter,

- Einführung von Mikropausen nach Belastungsspitzen, da der Erholungsprozess im Alter länger dauert,

- Anpassung der Arbeitszeiten an den altersbedingt veränderten Arbeitsrhythmus,

- Für Personen, die unter starker körperlicher Beanspruchung gearbeitet haben, rechtzeitiges Umschulen auf weniger körperintensive Tätigkeiten, auch für das Alter über 65 Jahre hinaus,

- Job-Rotation (Übernahme von verschiedenen Aufgaben durch periodischen Arbeitsplatzwechsel)[236], um die Fachkenntnisse und Erfahrungen Älterer zu erweitern, ihnen flexiblen Einsatz zu erleichtern und einseitige Belastungen im Arbeitsablauf zu mindern,

- Gesundheitsförderung im Arbeits- und Freizeitbereich über Trainingsprogramme, die sich auf die im Alterungsprozess nachlassenden Funktionen (Herzkreislauf-, Muskeltraining) konzentrieren,

- Förderung und Erhaltung beruflicher Kompetenzen durch altersgerechte Qualifizierungsmaßnahmen und Lernmethoden:

---

[234] Köchling, Annegret; Astor, Michael; u.a.: Innovation und Leistung mit älterwerdenden Belegschaften, München, Mering, u.a. 2000, S. 47
[235] Pfeiffer, Ulrich: Länger arbeiten im Alter...,a.a.O., S. 7
[236] Jung, Hans: Allgemeine Betriebswirtschaftslehre. a.a.O., S. 901

Oft genügen in der Berufsausbildung erworbene Kenntnisse und Fähigkeiten wegen wirtschaftlicher und technischer Fortschritte nicht mehr den aktuellen und künftigen Anforderungen des Arbeitsmarktes.[237]

Sinn „Lebenslangen Lernens" ist, Qualifikationen nicht nur zu erhalten, sondern sie dem Bedarf eines Unternehmens entsprechend fort zu entwickeln; gerade bei Älteren erhält kontinuierliche bedarfsorientierte Weiterqualifizierung die Lernfähigkeit und -bereitschaft. Studien aus der gerontologischen Forschung besagen, dass Lern- und Leistungsfähigkeit nicht automatisch als eine Konsequenz des Älterwerdens verloren gehen, manche Fähigkeiten nehmen zwar im Alter ab, andere entwickeln sich aber gerade mit fortschreitendem Alter, wie Lebenserfahrung und soziale Kompetenz.[238] Ältere sind in der Lage, anders als Jüngere, mit ihrer Erfahrung auch in schwierigen Situationen selbständige und weitreichende Entscheidungen zu treffen und planvoll vorzugehen. Sie können aus vielen vergangenen Einzelereignissen ein komplexes Vorstellungsreservoir aufbauen, das ihnen erlaubt, in kritischen Situationen rasch und direkt auf diesen Erfahrungsschatz zurückzugreifen.[239] Mit Anerkennung dieser Qualitäten steigen die Zukunftsperspektiven Älterer im Unternehmen und damit ihre Motivation im Arbeitsleben.[240] Gegenwärtig sind nur 45 % der 55 - 65-Jährigen in Deutschland erwerbstätig, gegen 57 % in Großbritannien und 69 % in Schweden: Eine Volkswirtschaft kann auf ein solches Potential von Arbeitskraft und Berufserfahrung nicht verzichten.[241]

---

[237] Köchling, Annegret: Innovation und Leistung..., a.a.O., S. 48
[238] Adenauer, Sybille: Die Älteren und ihre Stärken – Unternehmen handeln. http://www.fortbildung-bw.de, a.a.O., S. 42
[239] Bundesverband der Unfallkassen: Forschung für die Praxis. Erwerbsarbeit und Alter. Neue Anforderungen zur Integration älterer Arbeitnehmer. http://www.unfallkassen.de/files/556/FFDP12002.pdf?PHPSESSID=c550ff b5aed45e460600e4, 2002/01, S. 3 ff.
[240] Adenauer, Sybille: Die Älteren und ihre Stärken – Unternehmen handeln. http://www.fortbildung-bw.de, a.a.O., S. 43
[241] Vgl. Deutscher Gewerkschaftsbund: Älter als 50% - Arbeitsmarktpolitik für Ältere. http://www.dgb.de/themen/demografischer_wandel/50plus/index_html/ *und* o.V., enn: Das innovative Alter entdecken. In: FAZ, Nr. 90, 18.04.2007, S. 13

5.3.2 Späterer Erwerbsaustritt

Geburtendefizit und Migrationsverlust werden zwischen 2005 und 2035 das Erwerbspersonenpotenzial um 15 bis 18 % vermindern. Unternehmen können zwar auswandern in Ländern mit Arbeitskräfteüberschuss und Billiglöhnen: Das Wirtschaftswachstum bei uns würde verlangsamt, aus einem Exportüberschuss würde ein Handelsdefizit. Viele unserer 4 - 7 Mio. Arbeitslosen sind hoffnungslos unterqualifiziert, nicht nur die 400.000 Jugendlichen ohne abgeschlossene Ausbildung. Bleiben also als Arbeitskraftressourcen vor allem die noch nicht (wieder) arbeitenden Frauen und die Älteren.[242] Der steigende Altersdurchschnitt der Belegschaften zeigt die Bedeutung der Älteren für die Personalpolitik eines Unternehmens.[243] Renten- und arbeitsmarktpolitisch gleichermaßen wichtig ist hier das Gesetz zur schrittweisen Anhebung des Renteneintrittalters auf 67 Jahre.[244] Ziel ist, die Beschäftigungsquote der über 55 Jahre alten Arbeitnehmer bis 2010 von 48,9 % (Ende 2006) auf 55 % anzuheben. Trotz des langsamen schrittweisen Vorgehens bei der Einführung der „Rente mit 67" sollten sich Personal- und Rechtsabteilungen zeitig auf Änderungen bei der Abfassung von Arbeitsverträgen einstellen.[245]

In unbefristeten Arbeitsverträgen befindet sich üblicherweise eine Regelung zur Beendigung des Arbeitsverhältnisses bei Erreichen einer bestimmten Altersgrenze, also mit festgelegtem Renteneintrittsalter. In vielen älteren Verträgen ist das Erreichen des 65. Lebensjahrs diese Altersgrenze, sie kann allerdings auch vor

---

[242] Pfeiffer, Ulrich; Simons, Harald; u.a.: Länger arbeiten im Alter – Möglichkeiten und Grenzen. Köln 2005, S. 3 f. *und* Gillies, Constantin: Neue Rollen für alte Hasen. In: Die Welt, 21.04.2007, S. B7
[243] Adenauer, Sybille: Die Älteren und ihre Stärken – Unternehmen handeln. http://www.fortbildung-bw.de, a.a.O., S. 38
[244] Das Gesetz wurde am 30.03.2007 abschließend vom Bundesrat beschlossen. Beginnend mit den Geburtsjahrgängen 1947 – 1958 wird von 2012 an zunächst ein Monat pro Jahr, anschließend für die Geburtsjahrgänge 1959 – 1964 zwei Monate pro Jahr länger gearbeitet. Ab dem Geburtsjahrgang 1964 beträgt die Regelaltersgrenze 67 Jahre. Die genauen Daten dazu unter: www.bundesrat.de.
[245] Falke, Martin: Die Rente mit 67 im Arbeitsrecht. In: Personalmagazin. Heft 01/2007, S. 70

dem 65. Lebensjahr liegen. Solche abweichenden Regelungen sind nur von eingeschränkter Bedeutung. Gem. § 41 Satz 2 SGB VI gelten diese Vereinbarungen nur, wenn sie nicht innerhalb der letzen drei Jahre vor diesem Zeitpunkt abgeschlossen oder vom Arbeitnehmer bestätigt wurden. Vorschriften dieser Art sollen allerdings noch in laufenden Gesetzgebungsverfahren angepasst werden, damit künftiger Handlungsbedarf vermieden wird. Bei Arbeitsverträgen mit flexiblem Renteneintrittsalter und Hinweis auf jeweils geltendes Recht besteht kein Korrekturbedarf: Das individuelle Renteneintrittsalter richtet sich automatisch nach der jeweiligen Gesetzeslage. Weiter gibt es Arbeitsverträge ohne Beendigungsklausel: Meist sind dies jedoch befristete Arbeitsverträge, die stillschweigend oder ausdrücklich, ohne Anpassung verlängert wurden. Hier kann nachträglich eine Klausel betreffend die Beendigung des Arbeitsverhältnisses vereinbart werden. Tarifverträge, die eine feste Altersgrenze vorsehen, meist das 65. Lebensjahr, müssen der jeweiligen Gesetzeslage angepasst werden. Bei Tarifverträgen ohne diesbezügliche Regelungen gilt das jeweilige Gesetz.

Neben allen positiven Aspekten hat die Beschäftigung älterer Arbeitnehmer – unter Beibehaltung des Senioritätsprinzips, „ältere verdienen mehr" – allerdings zunächst auch störende Einflüsse auf die Lohnquote[246] an den Betriebskosten und dem Bruttosozialprodukt[247].[248] Die innerbetriebliche Altersstruktur verändert sich, durch mehr Ältere steigt das Durchschnittsalter, die Lohnkostenquote steigt entsprechend. Auch in Branchen ohne altersabhängige Entlohnungsmodellen verdienen ältere Arbeitnehmer mehr als Jüngere: Beförderungen, höhere Qualifikation durch Weiterbildungsmaßnahmen, umfangreichere Erfahrung können die Gründe sein; in einer Übergangsphase der Lohnanpassung kann die Beschäftigung „teurer" Älterer die Zukunftsperspektiven junger „preiswerter" Be-

---

[246] Die Lohnquote ist der Anteil des Einkommens der Unselbständigen am Volkseinkommen (in Prozent).
[247] Das Bruttosozialprodukt ist die Summe der realen produktiven Gesamtleistung einer Volkswirtschaft an Gütern und Dienstleistungen während eines Jahres, bewertet mit Marktpreisen.
[248] Fischbach, Reiner: Volkswirtschaftslehre I. 10., überarbeitete Aufl., München 1997, S. 123

rufsanfänger beeinträchtigen.[249] Nach spektakulärem Anstieg in den 60er und frühen 70er Jahren, lag die Lohnquote bei 72 %, bei Beibehaltung aktueller Lohnstrukturen würde sie bis 2035 auf 78 % ansteigen.[250] Solche Prognosen sind allemal mit vielen Unsicherheitsfaktoren verbunden: Man kann wohl eher annehmen, dass die wachsende Konkurrenz um Arbeitsplätze (jung/alt, In-/Ausland, Hoch-/Niedriglohnländer) auch bei Zunahme der Zahl älterer Arbeitnehmer (50 – 70 Jahre) die Lohnquote nicht weiter ansteigen, läßt sie mindestens stabil halten, wenn nicht sogar senken wird.

Ein eher unerwarteter, mit leichtem Zwang versehener Anreiz für ältere Menschen, länger zu arbeiten, ist das seit Jahren ständige Sinken des inflationsbereinigten Rentenniveaus. Die Jüngeren haben zwar noch die Möglichkeit, durch höhere Sparleistungen die Versorgungslücke auszugleichen, doch gerade ein Viertel der heute 30- bis 49-Jährigen hat einen privaten oder betrieblichen Altersvorsorgevertrag abgeschlossen und nur weitere 11 % erwägen einen Abschluss in Zukunft. Unter Berücksichtigung der absehbaren Rentenanpassungen und der zukünftigen nachgelagerten Besteuerung der Renteneinkommen müsste ein 1973 Geborener bereits seit 2002 jährlich rd. 6 % seines Bruttoeinkommens gespart haben, um mit 62 Jahren bei bisherigem Niveau seiner Alterseinkommen aus dem Erwerbsleben ausscheiden zu können.[251] Eine Erhöhung des Erwerbsaustrittsalters lässt die notwendige Sparquote zur Erhaltung des Lebensstandards sinken. So hätte ein Erwerbsaustritt erst mit 67 Jahren zur Folge, dass die zur Erhaltung eines gleich bleibenden Alterseinkünfteniveaus notwendige Sparquote von 6 % auf unter 2 % sinkt.

Eine Erhöhung des Erwerbsaustrittsalters von heute 58 auf 67 Jahre ist also geeignet, ein unterlassenes Altersvorsorgesparen in jungen Jahren auszugleichen. Eine Verlängerung des Berufslebens lohnt

---

[249] Vgl. Pfeiffer, Ulrich: Länger arbeiten im Alter..., a.a.O., S. 43 *und* Astheimer, Sven; Nöcker, Ralf: Wenn Geburtstage sich nicht lohnen. In: FAZ, Nr. 71, 24.03.2007, S. C 1

[250] Pfeiffer, Ulrich: Länger arbeiten im Alter...,a.a.O., S. 43

[251] Pfeiffer, Ulrich: Länger arbeiten im Alter...,a.a.O., S. 4 *und* Deutsches Institut für Altersvorsorge: Was bringt die Rente mit 67? Konsequenzen für Versicherte, Rentensystem und Arbeitsmarkt.
http://www.dia-vorsorge.de/downloads/pm000063a.pdf, Berlin 14.12.2006

sich finanziell, da sie die Zeit des Ruhestands und damit das benötigte Altersvorsorgekapital verkürzt, die Rentenanwartschaften erhöht, Rentenabschläge wegen frühzeitigen Rentenbezugs verhindert, sogar zu Rentenzuschlägen führt und den Zeitraum, in dem noch privat vorgesorgt werden kann, verlängert.[252] Die Rente mit 67 verdient also nicht den oft unangemessenen Tadel in der öffentlichen Meinung, von ihrer volkswirtschaftlichen Notwendigkeit völlig abgesehen.

5.4 Anwerbung geeigneter Fachkräfte aus dem Ausland

In vielen Branchen fehlen in Deutschland Arbeitskräfte. Die deutsche Wirtschaft benötigt eine wachsende Zahl von Spezialisten wenn sie wettbewerbsfähig bleiben und wachsen will. Es besteht kein Zweifel mehr daran, dass langfristig dieser Bedarf nicht mehr allein aus der deutschen Erwerbsbevölkerung gedeckt werden kann.[253] Wenn das Arbeitskräftepotential trotz der demographischen Entwicklung stabil gehalten werden soll, sind zusätzlich junge, gut ausgebildete Immigranten unerlässlich.[254] Jeder sechste Betrieb kann offene Stellen nicht mehr besetzen, mangels geeigneter Bewerber auf dem inländischen Markt. Deutschland hat zwar z.Z. insgesamt 10 Mio. Immigranten, doch sind dies immer weniger die Personen, die man in einer Volkswirtschaft benötigt. Sorge macht deren geringe Integrationsfähigkeit und Qualifikation. In den 50er und 60er Jahren spielte dies keine Rolle: „Gastarbeiter" wurden benötigt und mit allen Mitteln angeworben, während sie heute eher nach Europa drängen, durch die üppigen Leistungen der Sozialsysteme angezogen. Statt der früher damals gering Qualifizierten, werden heute hochqualifizierte Einwanderer gebraucht, aber im Jahr

---

[252] Vgl. Pfeiffer, Ulrich: Länger arbeiten im Alter...,a.a.O., S. 21 *und* Niejahr, Elisabeth: Die Jahre zählen. In: Die Zeit, Nr. 16, 12.04.2007, S. 9
[253] Verlag für die Deutsche Wirtschaft AG: Rekrutierung im Ausland wird zur Pflicht. Mittelständischen Unternehmen fehlt es oft an interkultureller Kompetenz.
http://www.vnr.de/vnr/pressemeldungen/presse_34975.html, 23.04.07
[254] Vgl. Poschner, Hans: Die Effekte der Migration..., a.a.O., S. 2 *und* Bundesministerium des Inneren: Arbeitsmigration.
http://www.zuwanderung.de/2_neues-gesetz-a-z/arbeitsmigration.html, 2005

2005 ließen sich nur etwa 900 Hochqualifizierte in Deutschland nieder.[255] Innerhalb des Europäischen Wirtschaftsraums hilft das Kooperationsnetz EURES („EURopean Employment Services") den Unternehmen, geeignetes Personal zu finden. Zu den Partnern dieses Netzes gehören öffentliche Arbeitsverwaltungen, Gewerkschaften und Arbeitgeberverbände. Das Netz wird von der EU koordiniert.[256] Innerhalb der EU kann ein Betrieb, bis auf kleine Einschränkungen (betreffend jüngst beigetretene Länder, wie Bulgarien oder Rumänien), ohne Probleme Personal rekrutieren.

Außerhalb des Europäischen Wirtschaftsraums geeignete Arbeitskräfte zu rekrutieren, wird den Unternehmen immer noch relativ schwer gemacht. Geregelt wird die Arbeitsmigration bisher im Zuwanderungsgesetz und in der Verordnung über die Zulassung von neueinreisenden Ausländern zur Ausübung einer Beschäftigung (BeschV). Im Gesetz zum Aufenthaltsrecht ist festgelegt, dass die Zulassung von Nicht-EU-Ausländern sich an den Erfordernissen des Wirtschaftsstandortes Deutschland orientiert. Dabei müssen die Verhältnisse auf dem Arbeitsmarkt mit der Erfordernis, einheimische Arbeitslosigkeit wirksam zu bekämpfen, berücksichtigt werden. Im Zuwanderungsgesetz wurde der Aufenthaltsstatus für Hochqualifizierte deutlich verbessert. So können Spitzenkräfte der Wirtschaft und Wissenschaft von Anfang an eine Niederlassungserlaubnis erhalten, ohne Arbeitsmarktprüfung und Zustimmung der Bundesagentur für Arbeit gem. § 3 BeschV. Als Hochqualifizierte gelten insbesondere Spezialisten, leitende Angestellte und Selbständige mit einem jährlichen Mindesteinkommen von derzeit 84.000 €.[257] Aus dem Jahr 2000 stammt die „Green-Card"-Regelung („Inder statt Kinder"). Dies war das Sofortprogramm der Bundesregierung zum Abbau des IT-Fachkräftemangels. Hier wurde es IT-

---

[255] Verlag für die Deutsche Wirtschaft AG: Rekrutierung im Ausland wird zur Pflicht. Mittelständischen Unternehmen fehlt es oft an interkultureller Kompetenz.
http://www.vnr.de/vnr/pressemeldungen/presse_34975.html, 23.04.07
[256] Europäisches Portal zur beruflichen Mobilität: EURES.
http://ec.europa.eu/eures/main.jsp?acro=eures&lang=de&catId=1&parentId=0n
[257] Bundesministerium des Innern: Hochqualifizierte.
http://www.zuwanderung.de/2_neues-gesetz-a-z/hochqualifizierte.html, 2005

Fachkräften von außerhalb des EU-Raums ermöglicht, ohne großen Verwaltungsaufwand in Deutschland bis zu fünf Jahren arbeiten zu können.[258] Vor- und Nachteile der Immigration für Auswanderungsländer sollen hier nicht diskutiert werden (hohe Ausbildungskosten in Schwellenländern und mit anschließendem Export dringend dort benötigter Arbeitskräfte).

Eine künftige EU-Einwanderungspolitik muss die Aufnahmekapazitäten der einzelnen Mitgliedsstaaten berücksichtigen, die Akzeptanz in der Bevölkerung, die gesamtwirtschaftliche Wirtschaftslage, die Verfassung des Arbeitsmarktes und die Leistungsfähigkeit der Sozialsysteme.[259] Da nun, nach Meinung vieler Forscher, bei der Einwanderungspolitik vor allem nach Bedürfnissen des Einwanderungslandes gehandelt werden sollte, wäre es zu empfehlen sich eines der klassischen Einwanderungsländer zum Vorbild nehmen, wie z.B. Schweiz, Australien, Kanada, USA.[260] Diese wählen ihre Einwanderer auf der Basis eines Punktesystems aus, nach Kriterien wie Sprachkenntnis, Qualifikation, Integrationswilligkeit, familiärer Bindungen, finanzieller Bonität oder aus humanitären Gründen.[261] Solange es für Hochqualifizierte nicht ohnehin sinnvoller ist, in Länder mit _niedriger_ Besteuerung wie USA, Australien, Schweiz zu gehen, man sie also auch zur Einwanderung nach Deutschland motivieren kann, bringen sie hier mit ihrem Wissen Innovationen voran und beschleunigen das Wachstum, zudem füllen sie mit ihren hohen Einkommen die Kassen der Steuereinnehmer und Sozialsysteme.

---

[258] Vgl. Bundesministerium des Inneren: Green Cards.
http://www.zuwanderung.de/2_neues-gesetz-a-z/greencard.html, 2005
und Stratmann, Klaus: Ausländische Experten händeringend gesucht.
http://www.handelsblatt.com/news/Politik/Deutschland/_pv/grid_id/1
149472/_p/200050/_t/ft/_b/1118432/default.aspx/auslaendische-
experten-haenderingend-gesucht.html, Berlin 08.08.2006
[259] Poschner, Hans: Die Effekte der Migration..., a.a.O., S. 268
[260] Vgl. Ebenda, S. 268 ff. _und_ Bauer, Thomas: Arbeitsmarkteffekte der Migration..., a.a.O., S. 179 ff.
[261] Botschaft von Kanada in Berlin: Über Kanada: Einwanderung.
http://www.dfait-maeci.gc.ca/canada-europa/germany/aboutcanada1105-
de.asp

6 Fazit

Die demographischen Daten sind bekannt und sprechen für sich, die Voraussagen für die nächsten 40 – 50 Jahre sind relativ treffsicher und kaum bestritten: Wir werden weniger und älter, trotzdem soll das Bruttosozialprodukt wachsen.

Panisch überstürzte Reaktionen in unserer Gesellschaft und im einzelnen Unternehmen sind zwar noch nicht nötig angesichts einer sich über Jahrzehnte hinziehenden Entwicklung, aber es beruhigt doch, in der Politik der Bundesrepublik langfristige Planung feststellen zu können. So wenig an konkreten Reformen, meinen manche Kommentatoren des öffentlichen Lebens[262], der aktuellen Regierung gelinge, demographisch sei sie ziemlich „up-to-date". Nach langer geduldiger Vorarbeit der Demographen in Theorie und Politik (Kurt Biedenkopf zu seiner Zeit) unternimmt der Gesetzgeber gerade die ersten notwendigen und richtigen Schritte: Die beitrags- und steuerfinanzierten Sozialsysteme werden der schrumpfenden Bevölkerung angepasst (Renten, Gesundheit, Pflege), bessere gesetzliche Rahmenbedingungen erleichtern es Unternehmen, ihre Mitarbeiter mindestens bis zum 65. Lebensjahr arbeiten zu lassen. Hilfreich ist, dass das Programm „Altersteilzeit" ausläuft, dass Faktoren der Frühverrentung reduziert werden (schlechte Arbeitbedingungen, Invalidität, Berufsunfähigkeit, unbeschadet der Rechte Behinderter), dass begonnen wurde mit der Verlängerung der Lebensarbeitszeit auch über das 65. Lebensjahr hinaus.

Sodann erleichtern es finanzielle und rechtliche Neuerungen den Unternehmen und Personen mit Kindern (Paare, Alleinstehende), Kindererziehung und berufliche Karriere besser zu verbinden: Elterngeld, Erziehungsgeld, Elternauszeit, steuerliche Behandlung der Kinderbetreuungskosten, Schaffung von Einrichtungen der Kinderbetreuung bis zum Einschulungsalter von sechs Jahren. Bei allem Nachdenken über die Möglichkeiten, künftiger Personalknappheit in öffentlichen und privaten Unternehmen Herr zu werden, sei nicht vergessen, auf das ungeheure potentielle Reservoir von 4-7 Millionen Arbeitskräften ohne Beschäftigung hinzuweisen.

---

[262] Niejahr, Eilsabeth: Die Jahre zählen. In: Die Zeit, a.a.O., S. 9

Endlich bleibt, falls all diese Maßnahmen nicht ausreichen zur Deckung des Arbeitskräftebedarfs, noch der Rückgriff auf Immigration. Auch hier sind mit dem jüngsten Gesetz zur Zuwanderung einige Probleme geregelt. Falls eine gewisse Quote von Immigranten notwendig ist, sollte diese präzise und gezielt an den Bedürfnissen der einheimischen Wirtschaft orientiert werden.

Soweit die Rahmenbedingungen: Die – öffentlichen wie auch privaten – Unternehmen gleich welcher Größe, brauchen sich ihrer nur intensiv zu bedienen, um die jeweils nötigen personalpolitischen Veränderungen in Gang zu bringen.

Präzise Entscheidungsgrundlagen für die Personalpolitik eines Unternehmens, Erkenntnis des Notwendigen, Innovationen auf allen Gebieten eines erfolgreichen Personaleinsatzes, deren geschickte Umsetzung und einige finanzielle Investitionen im Unternehmen selbst kommen hinzu: Es muss Müttern und Vätern alle Erleichterungen (Arbeitszeit, Auszeiten, Kinderbetreuung im Betrieb) verschaffen für eine gewünschte oder notwendige Weiterarbeit nach der Geburt eines Kindes, sowie alles tun für lebenslang notwendige Umschulung und permanente Weiterbildung. Die bisher üblichen Methoden des Personalmanagements müssen eventuell modifiziert und künftigen Entwicklungen angepasst werden. Die wichtigsten Lösungsmöglichkeiten sind bekannt und wurden in dieser Arbeit vorgestellt. An ihrer Realisierung sollte ohne Zögern gearbeitet werden, unter Einbeziehung von Mitarbeitern, Personalmanagement, Verbänden und Gesetzgeber, nicht zu vergessen die öffentliche Meinung. In ihr müssen manches Mal Tabus, verkrustet unter tonnenschweren Geschichtsschichten, zerbröselt werden, wie das „Babywickelverbot für Karriereväter.[263]

Ein kleiner ketzerischer Wunsch zum Schluss: Möge es eines Tages eine, vielleicht ins Utopische reichende, Untersuchung geben, die uns aufzeigt, dass im demographischen Wandel gar keine existenzielle Bedrohung unserer Gesellschaft zu sehen sei, dass eine sich reduzierende Bevölkerung in Deutschland, einem der am dichtesten besiedelten Länder Europas, vielleicht sogar wünschenswert sei und unsere Arbeitsmarktprobleme mit etwas Mehrarbeit für alle, gerin-

---

[263] Münchhausen, Anna v.: Die besten Wickel-Volontäre. In: FAZ Sonntagszeitung, Nr. 17, 29.04.2007, S. 57

ger und gesteuerter Immigration und angepassten Sozialsystemen geregelt werden könnten, die Lebensqualität dabei trotzdem nicht ins Bodenlose sinken würde? Es müsste in Deutschland ja nicht überall _so_ leer werden, dass Meinhard Miegel recht behielte: „Steigt jedoch auch dann (im 22. Jahrhundert) die Geburtenrate nicht auf ein bestandserhaltendes Niveau, werden die Bevölkerungslücken so groß, dass sie in einer dicht bevölkerten Welt womöglich mit Gewalt von außen gefüllt werden."[264]

Dann allerdings hätten es Demographen mit Personalbewegungen ganz anderer Art zu tun. Bis dahin aber, und wie auch immer, ergibt sich aus dem Fazit der Erörterungen aller hier behandelten Probleme auf jeden Fall ein willkommener Kollateral-Effekt: Für ein geschickt planendes, fantasievolles und effizientes Personalmanagement brechen goldene Zeiten an.

---

[264] zitiert nach Schirrmacher, Frank: Das Methusalem-Komplott. a.a.O., S. 212: Miegel, Meinhard: Die deformierte Gesellschaft. Wie die Deutschen die Wirklichkeit verdrängen. München 2002, S. 87

Literaturverzeichnis

Bücher und Schriften:

Birg, Herwig: Die demographische Zeitenwende. Der Bevölkerungsrückgang in Deutschland und Europa. München 2004

Bräutigam, Gregor: Arbeitsmarktökonomie. Marktlogik – Marktpolitik – Marktkonsequenzen. Aachen 2004

Bröckermann, Reiner; Pepels, Werner: Personalmarketing. Akquisition – Bindung – Freistellung. Stuttgart 2002

Bühner, Rolf: Personalmanagement. 3., überarbeitete und erweiterte Aufl., München 2005

Dinkel, Reiner Hans: Demographie. Band 1. Bevölkerungsdynamik. München 1989

Echterhoff, Veit: Kompetenzentwicklung Älterer im Kontext von Region, Bedarf und Demographie. Berlin 2005

Faber, Christel; Borchers, Uwe: Familie oder Beruf oder Beruf und Familie? München, Mering 1999

Fischbach, Reiner: Fischbach, Reiner: Volkswirtschaftslehre I. 10., überarbeitete Aufl., München 1997

Frey, Helmut: Flexible Arbeitszeit. Zeitgemäße Vertragsformen bei wechselndem betrieblichen Personalbedarf. München 1985

Gawron, Nadja: Kinder und Beruf: Betrieblich unterstützte Kinderbetreuung als Bestandteil familienfreundlicher Personalpolitik. Saarbrücken, 2006

Harlander, Norbert; Heidack, Clemens; u.a.: Personalwirtschaft, 3. überarbeitete Aufl., Landsberg/Lech 1994

Hentze, Joachim: Personalwirtschaftslehre. Grundlagen, Personalbedarfsermittlung, -beschaffung, -entwicklung und -einsatz. 7. Aufl., Bern, Stuttgart, u.a. 2001

Hohlbaum, Anke; Olesch, Gunther: Human Resources. Modernes Personalwesen. Rinteln 2004

Jung, Hans: Allgemeine Betriebswirtschaftslehre. 8. Aufl., München 2002

Köchling, Annegret; Astor, Michael; u.a.: Innovation und Leistung mit älterwerdenden Belegschaften. München, Mering 2000

Lipperheide, Peter J.: Arbeitsrecht. Stuttgart 2005

Miegel, Meinhard: Die deformierte Gesellschaft. Wie die Deutschen die Wirklichkeit verdrängen. München 2002, S. 87

Oechsler, Walter A.: Personal und Arbeit. Grundlagen des Human Resource Management und der Arbeitgeber-Arbeitnehmer-Beziehungen. 8. Aufl., München 2006

Olfert, Klaus: Personalwirtschaft. 12., überarbeitete und aktualisierte Aufl., Ludwigshafen (Rhein) 2006

Pfeiffer, Ulrich; Simons, Harald; Braun, Reiner: Länger arbeiten im Alter. Möglichkeiten und Grenzen. Köln 2005

Schanz, Günther: Personalwirtschaftslehre. Lebendige Arbeit in verhaltenswissenschaftlicher Perspektive. 3., neu bearbeitet und erweiterte Aufl., München 2000

Schimany, Peter: Die Alterung der Gesellschaft, Ursachen und Folgen des demographischen Umbruchs. Frankfurt 2003

Schirrmacher, Frank: Das Methusalem-Komplott. München 2004

Schleja, Dieter: Optimale Personalbereitstellung bei Investitionsvorhaben. Lohmar 1998

Söllner, Alfred; Waltermann, Raimund: Arbeitsrecht. 14., neu bearbeitete Aufl., München 2007

Stelzer-Rothe, Thomas; Hohmeier, Frank: Personalwirtschaft. Köln 2001

Stopp, Udo: Betriebliche Personalwirtschaft. Zeitgemäße Personalwirtschaft – Notwendigkeit für jedes Unternehmen. 23. Aufl. Renningen-Malmsheim 1993

Beiträge aus Sammelwerken:

Dickmann, Nicola: Der demographische Wandel in Deutschland. In: Perspektive 2050 – Ökonomik des demographischen Wandels., hrsg. von Institut der deutschen Wirtschaft Köln, 2. aktualisierte Aufl., Köln 2005, S. 14 – 21

Dickmann, Nicola; Seyda, Susanne: Gründe für den Geburtenrückgang. In: Perspektive 2050 – Ökonomik des demographischen Wandels., hrsg. von Institut der deutschen Wirtschaft Köln, 2. aktualisierte Aufl., Köln 2005, S. 42 – 56

Esche, Andreas; Petersen, Thieß; u.a.: Jugend und Arbeit im demographischen Wandel. In: Junge Generation und Arbeit – Chancen erkennen – Potenziale nutzen., hrsg. von der Bertelsmann Stiftung, Gütersloh, S. 41 – 54

Fels, Gerhard: Deutschland vor der Zeitwende. In: Perspektive 2050 – Ökonomik des demographischen Wandels., hrsg. von Institut der deutschen Wirtschaft Köln, 2. aktualisierte Aufl., Köln 2005, S. 9 – 10

Hentze, Joachim: Personalbedarfsermittlung. In: Handbuch Personalmarketing. 2., erweiterte Aufl., Wiesbaden 1989, S. 161

Schäfer, Holger; Seyda, Susanne: Arbeitsmärkte. In: Perspektive 2050 – Ökonomik des demographischen Wandels, 2. aktualisierte Aufl., hrsg. von Institut der deutschen Wirtschaft Köln, Köln 2005, S. 98 – 103

Aufsätze in Zeitschriften, Zeitungen und Loseblattwerken:

Amann, Melanie: Wenn keiner mehr verwalten will. In: FAZ, Nr. 77, 31.03.2007, S. C 1

Astheimer, Sven; Nöcker, Ralf: Wenn Geburtstage sich nicht lohnen. In: FAZ, Nr. 71, 24.03.2007, S. C 1

Bretz, Michael: Zur Treffsicherheit von Bevölkerungsvorausberechnungen. In: Wirtschaft und Statistik. 11/2001, S. 906 - 921

Der Spiegel: Der Familienkrach. Nr. 9 vom 26.06.2007, S. 52 - 71

Falke, Martin: Die Rente mit 67 im Arbeitsrecht. In: Personalmagazin. Heft 1, 2007, S. 70 f.

Germis, Carsten; Hank, Rainer: „Kinder sind nicht nur eine Privatangelegenheit". In: FAZ Sonntagszeitung. Nr. 16, 22.04.2007, S. 37

Giersberg, Georg: Der Arbeitskräftemangel bremst das Wachstum. Der Markt ist wie leergefegt. In: FAZ, Nr. 83 vom 10.04.2007, S. 17

Gillies, Constantin: Neue Rollen für alte Hasen. In: Die Welt, 21.04.2007, S. B7

Ginsburg, Hansjakob: Motivierte Köpfe. In: Wirtschaftswoche, Ausgabe 11.12.2006, S. 40 ff.

Hamacher, Eli: Mütter rechnen sich. In: Die Welt, 07.04.2007, S. B1

Höfinghoff, Tim: Krippengutscheine oder Geld. In: FAZ, Nr. 14, 08.04.2007, S. 44

Köcher, Renate: Hohe Erwartung. Die Bevölkerung hält die bessere Vereinbarkeit von Familie und Beruf für überfällig. In: FAZ, Nr. 90, 18.04.2004, S. 5

Kreye, Andrian: Überlebenskampf. In der Familiendebatte schwelen unausgesprochene Fragen. In: SZ. Nr. 93, 23.04.2007, S. 11

Krüger, Paul Anton; Bovensiepen, Nina: Dax-Konzerne bilden immer weniger aus. In: SZ, Nr. 91, vom 20.04.2007, S. 21

Lutz, Wolfgang; O'Neill, Brian; u.a.: Europe's population at a turning point. In: Sience, Vol. 229, S. 1.991 f.

Münchhausen, Anna v.: Die besten Wickel-Volontäre. In: FAZ Sonntagszeitung, Nr. 17, 29.04.2007, S. 57

Niejahr, Elisabeth: Die Jahre zählen. In: Die Zeit, Nr. 16, 12.04.2007, S. 9

o. V.: Hrsg. Statistisches Bundesamt: Bevölkerung Deutschlands von 2002 bis 2050. 10. koordinierte Bevölkerungsvorausberechnung, Wiesbaden 2003

o.V., ddp/dpa/AP: Mehr Kinder, mehr netto. Von der Leyen bekräftigt Pläne zur Entlastung der Familie. In: SZ. Nr. 93, 23.04.2007, S. 5

o.V., enn: Das innovative Alter entdecken. In: FAZ, Nr. 90, 18.04.2007, S. 13

o.V., mas: Ein Krippenplatz für jedes dritte Kind. In: FAZ, Nr. 79, 03.04.2007, S.1

o.V., rike: Kind und Karriere: Deutschland kommt voran. Die deutsche Familien politik befindet sich laut Bertelsmann-Stiftung im Umbruch. In: FAZ, Nr. 96, 25.04.2007, S. 13

o.V.: Der Verwaltung droht Personalmangel. Der Staat kämpft mit der demographischen Entwicklung. In: FAZ, Nr. 94, 23.04.2007, S. 11

Roßbach, Henrike: Das Ende des Jugendwahns. In: FAZ, Nr. 71, 24.03.2007, S. 11

Roßbach, Henrike: Mütter, kommt zurück! In: FAZ, Nr. 53, 03.03.2007, S. C 1

Rößler, Melanie: Schöne Bescherung. In: Personalmagazin. Heft 01/2007, S. 16 – 18

Rößler, Melanie: Teilzeitarbeit ist ein Tabu. In: Personalmagazin. Heft 01/2007, S. 26

Spie, Ulrich: Energie für das Alter. In: Personalwirtschaft. Heft 01, 2007, S. 18 – 21

Spieker, Manfred: Ein Krippenplatz für jedes dritte Kind? In: FAZ, Nr. 87, 14.04.2007, S. 10

Spiewak, Martin: Gut für die Kleinen? In: Die Zeit, Nr. 16, 12.04.2007, S. 8

von Beverfoerde, Hedwig: Wollt ihr die totale Krippengesellschaft? In: Die Welt, 21.04.2007, S. 8

Zander, Henning: Deutsche Mediziner sind gefragt. In: Die Welt, 14.04.2007, S. B 2

Hochschulschriften (Habilitationen, Dissertationen, Diplomarbeiten, Forschungsberichte):

Bauer, Thomas: Arbeitsmarkteffekte der Migration und Einwanderungspolitik. Eine Analyse für die Bundesrepublik Deutschland. Diss., Universität München, gedruckt in Heidelberg 1998

Poschner, Hans: Die Effekte der Migration auf die soziale Sicherung. Diss., Universität Regensburg 1996

Internetquellen:

Botschaft von Kanada in Berlin: Über Kanada: Einwanderung. http://www.dfait-maeci.gc.ca/canada-europa/germany/aboutcanada1105-de.asp

Adenauer, Sybille: Die Älteren und ihre Stärken – Unternehmen handeln. http://www.fortbildung-bw.de//03_aeltere_an/downloads/Aeltere_Adenauer.pdf, S. 37 f.

Bundesagentur für Arbeit: Informationen zur Einrichtung von Personal-Service-Agenturen (PSA) nach § 37c Sozialgesetzbuch Drittes Buch (SGB III) (Stand: 10. Januar 2006), http://www.arbeitsagentur.de/zentraler-Content/A01-Allgemein-Info/A011-Presse/Publikation/pdf/Konzeption-PSA.pdf, S. 1

Bundesministerium des Inneren: Arbeitsmigration. http://www.zuwanderung.de/2_neues-gesetz-a-z/arbeitsmigration.html, 2005

Bundesministerium des Inneren: Green Cards http://www.zuwanderung.de/2_neues-gesetz-a-z/greencard.html, 2005

Bundesministerium für Familie, Senioren, Frauen und Jugend: Bund, Länder und Kommunen einig: Betreuungsplatz für jedes dritte Kind.
http://www.bmfsfj.de/Kategorien/aktuelles,did=95840.html

Bundesverband der Unfallkassen: Forschung für die Praxis. Erwerbsarbeit und Alter. Neue Anforderungen zur Integration älterer Arbeitnehmer.
http://www.unfallkassen.de/files/556/FFDP12002.pdf?PHPSESSID=c550ffb5a ed45e460600e4, 2002/01, S. 3 ff.

Bundesvereinigung der Deutschen Arbeitgeberverbände: Ältere Arbeitnehmer.
http://www.bda-online.de/www/bdaonline.nsf/id/14143B4731A F43FEC1256DE70069F4A8

Bundesvereinigung der Deutschen Arbeitgeberverbände: Betriebe und Mitarbeiter wollen flexible Arbeitszeiten.
http://www.bda-online.de/www/bdaonline.nsf/id/ABA95319597 F804FC 1256 DE70069F469

Bundesvereinigung der Deutschen Arbeitgeberverbände: Betriebliche Arbeitszeitgestaltung.
http://www.bda-online.de/ www/bdaonline.nsf/id/C513E37FFDFDD96FC1256DE8005F941C

Bundesvereinigung der Deutschen Arbeitgeberverbände: Chancengleichheit.
http://www.bda-online.de/www/bdaonline.nsf/id/Chancengleichheit

Bundesvereinigung der Deutschen Arbeitgeberverbände: Familienpolitik.
http://www.bda-online.de/www/bdaonline.nsf/id/1B70C66D35F445BA C1257 1380033394B

Bundesvereinigung der Deutschen Arbeitgeberverbände: Vereinbarkeit von Beruf und Familie – öffentliche Kinderbetreuung.
http://www.bda-online.de/www/bdaonline.nsf/id/189BB43E9309 D73EC1256DE70069F3DB

Deutscher Gewerkschaftsbund Adamy, Wilhelm; Kolf, Ingo: Qualifizierung als Schlüsselfrage von wirtschaftlicher Entwicklung und Beschäftigung. In: Gute Arbeit., 5/2006,

http://www.dgb.de/themen/demografischer_wandel/dokumente/weiterbild ung.pdf

Deutscher Gewerkschaftsbund, Sehrbrock, Ingrid: Reife ist eine Frage des Förderns und Forderns. Eckpunkte des DGB zur Ausbildungsreife.
http://www.dgb.de/themen/themen_a_z/abisz_doks/e/eckpunkte_reife.pdf

Deutscher Gewerkschaftsbund: Älter als 50% - Arbeitsmarktpolitik für Ältere.
http://www.dgb.de/themen/demografischer_wandel/50plus/index_html/

Deutscher Gewerkschaftsbund: Deutschland braucht mehr Weiterbildung. Beschluss vom 04.042006,
http://www.dgb.de/themen/bildung/aktuell/news/weiterbildung.htm/

Deutscher Gewerkschaftsbund: Einfluss der Gewerkschaften. Haben die Gewerkschaften zu viel Einfluss im Betrieb?
http://www.dgb.de/faq/index_html?klappausindex_html=4#cstart4

Deutscher Gewerkschaftsbund: Grundsätze des Deutschen Gewerkschaftsbundes für die Regelung der Einwanderung (Beschluss der Arbeitsgruppe Zuwanderung des DGB-Bundesvorstandes vom 13.03.2001).
http://www.dgb.de/themen/migration/dokumente/zuw-grunds.pdf

Deutscher Gewerkschaftsbund: Lokale Bedürfnisse für nachhaltige Familienpolitik. Pilotregion Heilbronn-Franken.
http://www.familie.dgb.de/projekt/buendnisse/beispiele/Heilbronn_Franken

Deutscher Gewerkschaftsbund: Lokale Bündnisse für nachhaltige Familienpolitik.
http://www.familie.dgb.de/projekt/

Deutscher Gewerkschaftsbund: Vereinbarkeit von Beruf und Familie.
http://www.dgb.de/themen/gleichstellung/politik/vereinbarkeit/

Deutsches Institut für Altersvorsorge: Was bringt die Rente mit 67? Konsequenzen für Versicherte, Rentensystem und Arbeitsmarkt.
http://www.dia-vorsorge.de/downloads/pm000063a.pdf, Berlin 14.12.2006

Europäisches Portal zur beruflichen Mobilität: EURES.
http://ec.europa.eu/eures/main.jsp?acro=eures&lang=de&catId=1&parentId=0n

Heß, Dorit: Die vergessenen Kinder. In: Die Zeit, Nr. 38, 09.09.2004, http://www.zeit.de/2004/38/Fam_Unternehmen

Morschhäuser, Martina: Personal- und Qualifizierungspolitik für die künftige Altersstruktur. http://www.boeckler.de/pdf/v_2007_03_02_morschhaeuser.pdf, Berlin, 02.03.2007

o.V.: Arbeitszeitkonten.
http://zeit-wird-geld.de/index2.php?artikel=45&searchquery=arbeitszeitkonten&PHPSESSID=

o.V.: Bundesgesetzblatt Jahrgang 2006 Teil I Nr. 56 ausgegeben zu Bonn am 11.12.2006: Gesetz zur Einführung des Elterngeldes.
http://www.bgblportal.de/BGBL/bgbl1f/bgbl106s2748.pdf

o.V.: Einführung zum Elterngeld. http://www.elterngeld.net/elterngeld.html

o.V.: FAZ.NET mit Material von F.A.Z. und Agenturen: Auswanderung. 145.000 Deutsche suchen ihr Glück im Ausland.
http://www.faz.net/s/Rub2ED1D653476A4471A80381152324EAC2/Doc~EBC670F1BC7AC42AEB80161F379E51C75~ATpl~Ecofazmmon~Scontent.html

o.V.: Regierung will Ausbildung erleichtern.
http://www.aibverlag.de/newsletter/archiv.asp?ID=23&NLType=0&NLPlace=B

o.V.: Unternehmen suchen und finden Fachkräfte in den Reihen der Älteren. Beispiel Carl Zeiss Jena GmbH. http://www.sozialnetz-hessen.de/ca/wn/ybd/

o.V.: Zeitarbeit/Personalleasing. http://www.foerderland.de/832.0.html. 20.02.2007

Rump, Jutta: Personalenwicklung bei älter werdenden Belegschaften.
http://www.mwvlw.rlp.de/internet/nav/fe7/broker?uTem=aaaaaaaa-aaaa-
aaaa-bbbb-
000000000009&class=net.icteam.cms.utils.search.FTSearchManager%3Bcurrents
ize%3D1%3Bpagesize%3D15%3BuBasVariant%3D11111111-1111-1111-1111-
111111111111%3BuBasVariantCon%3D11111111-1111-1111-1111-
111111111111%3Bumen%3Dc0f7091e-1464-7401-a3b2-
1710eb1ae435&class_cms1=con_all&class_text=Personalentwicklung+bei+%E4l
ter+werdenden+Belegschaften, S. 6 ff.

Statistisches Bundesamt: Im Jahr 2050 doppelt so viele 60-Jährige wie Neugeborene.
http://www.destatis.de/presse/deutsch/pm2006/p4640022.htm,
Wiesbaden Pressemitteilung vom 07.11.2006

Statistisches Bundesamt: Qualitätsbericht. Sterbetafel.
http://www.destatis.de/download/qualitaetsberichte/qualitaetsbericht_bevo
elk_sterbetafel.pdf, Wiesbaden Juli 2006

Stratmann, Klaus: Ausländische Experten händeringend gesucht.
http://www.handelsblatt.com/news/Politik/Deutschland/_pv/grid_id/1149
472/_p/200050/_t/ft/_b/1118432/default.aspx/auslaendische-experten-
haenderingend-gesucht.html, Berlin 08.08.2006

Verlag für die Deutsche Wirtschaft AG: Rekrutierung im Ausland wird zur Pflicht.
Mittelständischen Unternehmen fehlt es oft an interkultureller Kompetenz.
http://www.vnr.de/vnr/pressemeldungen/presse_34975.html, 23.04.07

Wirtschaftslexikon: Opportunitätskosten.
http://www.wirtschaftslexikon24.net/d/opportunitaetskosten/opportunitaets
kosten.htm

Wittenhagen, Julia: Arbeitszeitkonten. Sparen für das Dolce vita.
http://berufundchance.fazjob.net/s/RubC43EEA6BF57E4A09925C1D80278549
5A/Doc~EAEBA8BF7928148C19B3B2C7CB7C3FAB1~ATpl~Ecommon~Sconte
nt.html

Sonstiges Schrifttum:

Beck-Texte Arbeitsgesetze.: Teilzeit- und Befristungsgesetz. 70., neu bearbeitete Aufl., München, Stand: 01.01.2007

Beck-Texte: Arbeitsgesetze. Arbeitnehmerüberlassungsgesetz. 70., neu bearbeitete Aufl., München, Stand: 01.01.2007

Beck-Texte: Arbeitsgesetze. Arbeitszeitgesetz. 70., neu bearbeitete Aufl., München, Stand: 01.01.2007

Beck-Texte: Arbeitsgesetze. Berufsbildungsgesetz. 70., neu bearbeitete Aufl., München, Stand: 01.01.2007

Beck-Texte: Arbeitsgesetze. Betriebsverfassungsgesetz. 70., neu bearbeitete Aufl., München, Stand: 01.01.2007

Beck-Texte: Bürgerliches Gesetzbuch. 59., überarbeitete Aufl., München, Stand: 01.02.2007

Beck-Texte: Deutsches Ausländerrecht. Beschäftigungsverordnung. 20., überarbeitete Aufl., München, Stand: 01.07.2005

Beck-Texte: SGB III Arbeitsförderung. 11. Aufl., München, Stand: 18.08.2006

Bundesagentur für Arbeit: Was? Wie viel? Wer?. Finanzielle Hilfen auf einen Blick. Broschüre, Nürnberg 2007

Heilemann, Ullrich; von Loeffelholz, Hans Dietrich: Ökonomische und fiskalische Implikationen der Zuwanderung nach Deutschland. RWI-Papiere, Nr. 52, Essen 1998

Nicodemus, Gerd: Volkswirtschaft II. Wirtschaftspolitik B. Düsseldorf, S. 63 f.

Stoll, Regina: Ausländische Arbeitnehmer und Arbeitnehmerinnen. Literaturdokumentation zur Arbeitsmarkt- und Berufsforschung. BA Nürnberg 1999

Anhang

Ein Beispiel für erfolgreiche Integration älterer Mitarbeiter: Carl Zeiss Jena GmbH[265]

Viele Unternehmen haben Mühe, benötigte Arbeitskräfte zu finden und sind gezwungen, Fachkräfte in den Reihen der Älteren zu suchen, wie in dem nachfolgenden Beispiel der Carl Zeiss Jena GmbH dargestellt wird, obwohl sich viele Stellengesuche mit enggesetzten Altersangaben (nicht älter als 40, 45 Jahre) gezielt an jüngere Bewerber richten.

Das Unternehmen der Optik-Branche belegt einen Spitzenplatz auf dem Weltmarkt und setzt neueste Technologien und Produktionsverfahren ein. Nachdem es einen massiven Personalabbau vorwiegend in Form der Frühverrentung mit älteren Mitarbeitern vornahm, suchte das Unternehmen junge Leute für die Besetzung der Ausbildungsplätze. Allerdings musste die Carl Zeiss Jena GmbH dann feststellen, dass es in der Region keine geeigneten Ausbildungskandidaten finden konnte, u.a. weil viele junge Leute die Gegend in Richtung Westen verlassen haben. Das Unternehmen startete dann gemeinsam mit der Bundesagentur für Arbeit eine Aktion, um die ehemals freigesetzten Mitarbeiter zurückzugewinnen. In gemeinsamer Zusammenarbeit mit ihr und einer Bildungseinrichtung wurden die älteren Mitarbeiter erfolgreich für die neuen Anforderungen der Arbeitsaufgaben innerhalb von 8 Monaten geschult.

Dieses Beispiel macht in eindrucksvoller Weise deutlich, dass ältere Menschen, mit den entsprechenden Qualifikationen (aufgrund moderner Technologien und Produktionsverfahren) ausgestattet, lernfähig und –bereit sind und Aufgaben gut erfüllen können, für die jüngere Fachkräfte vorgesehen waren.

Das Durchschnittsalter der Mitarbeiter liegt bei 44,5 Jahren, in manchen Bereichen des Unternehmens sogar bei 50 Jahren.

---

[265] o.V.: Unternehmen suchen und finden Fachkräfte in den Reihen der Älteren. Beispiel Carl Zeiss Jena GmbH.
http://www.sozialnetz-hessen.de/ca/wn/ybd/